国家数字图书馆工程标准规范成果

U0613435

国家图书馆学位论文
元数据规范与著录规则

姜爱蓉　赵　阳　蒋宇弘　主编

國家圖書館出版社
National Library of China Publishing House

图书在版编目(CIP)数据

国家图书馆学位论文元数据规范与著录规则/姜爱蓉,赵阳,蒋宇弘主编. --北京:国家图书馆出版社,2014.12

(国家数字图书馆工程标准规范成果)

ISBN 978 - 7 - 5013 - 5474 - 0

Ⅰ.①国… Ⅱ.①姜… ②赵… ③蒋… Ⅲ.①中国国家图书馆—学位论文—数据管理—规范 ②中国国家图书馆—学位论文—著录规则 Ⅳ.①G255.75 - 65

中国版本图书馆 CIP 数据核字(2014)第 234280 号

书　　名	国家图书馆学位论文元数据规范与著录规则	
著　　者	姜爱蓉　赵　阳　蒋宇弘　主编	
责任编辑	高　爽	

出　　版	国家图书馆出版社(100034　北京市西城区文津街 7 号)	
	(原书目文献出版社　北京图书馆出版社)	
发　　行	010 - 66114536　66126153　66151313　66175620	
	66121706(传真),66126156(门市部)	
E-mail	btsfxb@ nlc. gov. cn(邮购)	
Website	www. nlcpress. com ──→投稿中心	
经　　销	新华书店	
印　　装	北京科信印刷有限公司	
版　　次	2014 年 12 月第 1 版　2014 年 12 月第 1 次印刷	

开　　本	787 × 1092(毫米)　1/16	
印　　张	9.75	
字　　数	100 千字	

书　　号	ISBN 978 - 7 - 5013 - 5474 - 0	
定　　价	58.00 元	

《国家数字图书馆工程标准规范成果》丛书编委会

主　编:国家图书馆

本书编委会

主编：姜爱蓉　赵　阳　蒋宇弘

编委：王　洋　曹　宁　姚　蓉　梁蕙玮　刘小玲
　　　吴　洋　槐　燕　萨　蕾　孟丽娟　李成文

总　序

数字图书馆涵盖多个分布式、超大规模、可互操作的异构多媒体资源库群,面向社会公众提供全方位的知识服务。它既是知识网络,又是知识中心,同时也是一套完整的知识定位系统,并将成为未来社会公共信息的中心和枢纽。数字图书馆建设的最终目标是实现对人类知识的普遍存取,使任何群体、任何个人都能与人类知识宝库近在咫尺,随时随地从中受益,从而最终消除人们在信息获取方面的不平等。"国家图书馆二期工程暨国家数字图书馆工程"是国家"十五"重点文化建设项目,由国家图书馆主持建设,其中国家数字图书馆工程的建设内容主要包括硬件基础平台、数字图书馆应用系统和数字图书馆标准规范体系。

标准规范作为数字图书馆建设的基础,是开发利用与共建共享资源的基本保障,是保证数字图书馆的资源和服务在整个数字信息环境中可利用、可互操作和可持续发展的基础。因此,在数字图书馆建设中,应坚持标准规范建设先行的原则。国家数字图书馆标准规范体系建设围绕数字资源生命周期为主线进行构建,涉及数字图书馆建设过程中所需要的主要标准,涵盖数字内容创建、数字对象描述、数字资源组织管理、数字资源服务、数字资源长期保存五个环节,共计三十余项标准。

在国家数字图书馆标准规范建设中,国家图书馆本着合作、开放、共建的原则,引入有相关标准研制及实施经验的文献信息机构、科研机构以及企业单位承担标准规范的研制工作,这就使得国家数字图书馆标准规范的研制能够充分依托国家图书馆及各研制单位数字图书馆建设的实践与研究,使国家数字图书馆的标准规范成果具有广泛的开放性与适用性。本次出版的系列成果均经过国家图书馆验收、网上公开质询以及业界专家验收等多个验收环节,确保了标准规范成果的科学性及实用性。

目前,国内数字图书馆标准规范尚处于研究与探索性应用阶段,国家图书馆担负的职责与任务决定了我们在数字图书馆标准规范建设方面具有的责任。此次将国家数字图书馆工程标准规范研制成果付梓出版,将为其他图书馆、数字图书馆建设及相关行业数字资源建设与服务提供建设规范依据,对于推广国家数字图书馆建设成果、提高我国数字图书馆建设标准化水平、促进数字资源与服务的共建共享具有重要意义。

国家图书馆馆长　周和平
2010 年 8 月

目　　录

2

前　　言

利用元数据对学术信息资源，尤其是数字化学术信息资源进行描述、利用、管理，已经成为学术信息资源建设的基本手段之一。元数据的开发与应用普遍遵循标准化、规范化、开放性的原则，旨在为学术信息系统的互操作性与开放性奠定基础。通过共享元数据，进而共享元数据所描述的学术信息资源，促进学术信息的快速、流畅、有效地广泛传播。

学位论文是作者提交的用于其获得学位的重要学术成果，已成为国家图书馆、高校图书馆等各类信息服务机构进行收藏与利用的重要学术资源。尤其是近三十年来，随着科学技术的迅速发展和数字化与网络化技术的普遍应用，学位论文的价值越来越受到科研与教育机构的广泛关注。如何有效组织学位论文（数字）资源，实现对其描述、管理、定位以及为用户提供多样化的检索与利用途径，是当前学位论文信息资源建设的关注重点。由此，学位论文元数据的研究应运而生，其核心是元数据标准规范的制定。

本标准规范由国家图书馆提出，委托清华大学图书馆进行研制。清华大学图书馆承担了国家数字图书馆工程标准规范项目"国家图书馆专门元数据标准与著录规范——学位论文"的研制项目，遵循《国家图书馆核心元数据标准》与《国家图书馆元数据应用规范》等标准规范，完成了"国家图书馆学位论文元数据标准规范"及其应用指南的编制。本书即是以"国家图书馆专门元数据标准与著录规范——学位论文"项目的研究成果为基础编写而成。

"国家图书馆学位论文元数据标准规范"主要应用于国家数字图书馆学位论文元数据著录，亦可直接或经修订后供其他图书馆或信息服务机构使用，但其修订必须遵循本规范的基本原则与扩展原则。

编者

2014 年 9 月

1

第一部分　国家图书馆学位论文元数据规范

研制说明

本标准规范为国家图书馆学位论文元数据规范。

根据国家图书馆学位论文元数据规范招标指南、技术需求书和成交合同,本标准规范在国内外学位论文元数据应用调研、国家图书馆学位论文资源分析,以及对元数据标准设计研究的基础上建立。各个层次元素以及元素修饰词的研制,主要基于对学位论文资源内容以及外观特征的分析,以及对国家图书馆学位论文描述、揭示、使用需求的调研结果。本标准规范参考科技部科技基础性工作专项资金重大项目《我国数字图书馆标准规范建设》子项目《专门数字对象描述元数据规范》的研究成果及 ANSI/NISO Z39.85—2007《都柏林核心元数据元素集》(ISSN:1041—5635)、都柏林核心元数据计划(The Dublin Core Metadata Initiative, DCMI)发布的《都柏林核心元数据元素集》1.1 版(2008 - 01 - 14)、RFC 5013《都柏林核心元数据元素集》。

依据《国家图书馆元数据应用规范》《国家图书馆核心元数据标准》和《国家图书馆专门元数据设计规范》,将学位论文元数据元素集分为核心元素、个别元素二级结构,共设计了 16 个元素,对术语进行属性定义。

本标准规范主要供国家图书馆使用,其他信息资源领域可直接或经修订后采用,但其修订须遵循《国家图书馆专门元数据设计规范》中的扩展规则进行本地扩展。

1　范围

本标准规范规定了学位论文资源的范围、著录对象、著录对象间的关系,在此基础上确立了学位论文资源元数据规范的元素集及扩展规则,并详细定义了元素及修饰词。

本标准规范针对学位论文资源的内容和外观特征进行规定,并主要针对学位论文资源的通用性元素进行设计,如需要描述特定类型的元素,可以在本标准元数据框架的基础上进行扩展。

2　规范性引用文件

下列文件对于本文件的应用是必不可少的。凡是注日期的引用文件,仅注日期的版本适用于本文件。凡是不注日期的引用文件,其最新版本(包括所有的修改单)适用于本文件。

DCMI Metadata Terms. [DCMI-TERMS]

DCMI 元数据术语集 [DCMI-TERMS]

<http://dublincore. org/documents/dcmi-terms/ >

DCMI Namespace Policy. [DCMI-NAMESPACE]

DCMI 命名域政策 [DCMI-NAMESPACE]

<http://dublincore. org/documents/dcmi-namespace/ >

Metadata Object Description Schema. [MODS]

元数据对象描述模式 [MODS]

<http://www. loc. gov/standards/mods/ >

3　术语和定义

下列术语和定义适用于本标准规范。

3.1　学位论文　thesis;dissertation

学位论文是作者提交的用于其获得学位的文献。

3.2 都柏林核心元数据计划 Dublin Core Metadata Initiative,DCMI

都柏林核心元数据元素集的维护机构。

3.3 元数据 metadata

关于信息资源或数据的一种结构化的数据。

3.4 描述元数据 descriptive metadata

对信息资源本身的内容、属性、外在特征进行描述的元数据。

3.5 元素 element

元数据集合中用于定义和描述数据的基本单元,由一组属性描述、定义、标识,并允许值限定。

3.6 修饰词 qualifier

当元素无法满足资源对象的精确描述需要时,进一步扩展出的术语。修饰词包括两种类型:元素修饰词和编码体系修饰词。

3.7 元素修饰词 element refinement

对元素的语义进行修饰,提高元素的专指性和精确性。

3.8 编码体系修饰词 encoding scheme

用来帮助解析某个术语值的上下文信息和解析规则。其形式包括受控词表、规范表或解析规则。

3.9 核心元素 core element

使用频率高的、共性的、可用于不同类型的信息资源描述的元数据元素。

3.10 个别元素 unique element

为某一种特定的资源对象设计的,仅适用于这种资源对象的元素,不用于交换。

3.11 复用 reuse

在元数据应用过程中,对于其他元数据标准中已经有明确定义并适用于本应用领域的元素的直接使用,并在使用时明确标明其地址。

3.12　命名域　namespace

元数据标准正式引用的地址名称,即元数据术语的唯一正式标识符。

4　学位论文的著录单位

学位论文的著录单位以单篇学位论文实体为主,在电子版、印刷版或者缩微版同时存在的情况下,以电子版的特征为主著录,涉及印刷版或缩微版的特性,可从印刷版或缩微版中提取著录项。在只有电子版学位论文的情况下,只从电子版论文提取著录项。

5　元数据规范的内容结构

5.1　元素集

学位论文元数据元素集共 16 个元素,其中 14 个核心元素全部复用自 DC(都柏林核心),见表 1-1。如有特别需要,可进行本地扩展。

表 1-1　学位论文元数据规范元素

元素	元素修饰词	编码体系修饰词	复用标准
题名			dc:title
	其他题名		dcterms:alternative
作者			dc:creator
	培养机构		
主题			dc:subject
		汉语主题词表	
		中国图书馆分类法	
		中国分类主题词表	
		美国国会图书馆主题词表	
		美国国会图书馆图书分类法	
描述			dc:description
	目次		dcterms:tableOfContents
	文摘		dcterms:abstract
	成果目录		
	相关文献附注		

续表

元素	元素修饰词	编码体系修饰词	复用标准
	资助		
	研究方向		
导师			dc：contributor
	导师机构		
日期			dc：date
	答辩日期		
	学位授予日期		
	提交日期		dcterms：dateSubmitted
	全文可获得日期		dcterms：available
		W3C – DTF	
类型			dc：type
		DCMIType	
格式			dc：format
	文件大小		dcterms：extent
	页码		
		IMT	
标识符			dc：identifier
	URI		
	DOI		
来源			dc：source
	URI		
	DOI		
语种			dc：language
	ISO 639—2		
	RFC 4646		
关联			dc：relation
	包含		dcterms：hasPart
	包含于		dcterms：isPartOf
	其他版本		dcterms：hasVersion
	原版本		dcterms：isVersionOf
	参照		dcterms：references
	被参照		dcterms：isReferencedBy
	附加资源关联		

6

元素	元素修饰词	编码体系修饰词	复用标准
		URI	
		DOI	
		ISBN	
		ISSN	
权限			dc:rights
	权限声明		
	保密级别		
时空范围			dc:coverage
	空间范围		dcterms:spatial
		Point	
		ISO 3166	
		TGN	
	时间范围		dcterms:temporal
		Period	
		W3C – DTF	
学位			
	学科专业		
	学位授予单位		
	学位名称		
	学位级别		
		学科/专业目录	
		学位名称代码	
馆藏信息			mods:location
	典藏号		

5.2　扩展原则

（1）现有元数据标准中，如果没有恰当的元素可供复用，允许自行扩展元素。

（2）自行扩展的元素不能和已有的元素有任何语义上的重复。

（3）扩展的修饰词必须遵循向上兼容原则，即修饰词在语义上不能超出被修饰词（元素）的语义。

（4）新增加的元素和修饰词须优先采用 DCMI 中的元素和修饰词，或者是现有其他元数据标准中的元素和修饰词。

（5）新增元素如果复用来自其他元数据标准的元素或修饰词，必须说明来源，使用时严格遵循其语义。

6 元数据规范术语定义属性

在本标准中，元素名称为小写英文（命名域中多词连写时，第二个以后的单词首字母大写），当名称为两个或两个以上英文单词时，词间应空格，以便于计算机标记和编码，并保证与其他语种的元数据标准（如 DC）应用保持语义一致性；标签为中文，便于人们阅读。

本标准所有元素/修饰词均为非限制性的，如果在特定的项目或应用中使用，可进行必要的扩展，并增加使用说明。本标准中的元素描述及示例中有可能涉及扩展描述。

本标准中的标签只是元素名的一个语义属性，在具体的应用领域，为突出资源的个性和元数据的专指性，更好地体现该元素在具体应用中的语义，允许赋予其适合的标签，但语义上与原始定义不允许有冲突、不允许扩大原始定义的语义。

本标准定义的所有元素与顺序无关。同一元素多次出现，其排序可能是有意义的，但不能保证排序会在任何系统中保存下来。

为了便于理解与使用，每一元素后增加一些示例，说明其具体用法，但元素的使用当不限于示例所举。

为规范元数据标准中元素及修饰词等术语的定义，本标准所有元素术语的定义借鉴 DC-MI 术语的定义方法以及 ISO IEC 11179 标准，根据实际使用情况，按表 1－2 中 15 个方面进行概略定义。

表 1－2　学位论文元数据规范术语定义属性

序号	属性名	属性定义	约束
1	标识符（Identifier）	术语的唯一标识符，以 URI 的形式给出	必备
2	名称（Name）	赋予术语的、机器可读的唯一标记	必备
3	出处（Defined By）	一般给出定义术语（特别是给出术语"名称"与"标识符"）的来源名称及来源的 URI。如无来源名称与 URI，可以是定义术语或维护术语的机构名称；或者可以是书目引文，指向定义该术语的文献	必备
4	标签（Label）	人类可读的标签，可本地化。为更好地体现该术语的语义，可以采用具体应用中的名称，可以和原始名称不同	必备

序号	属性名	属性定义	约束
5	定义(Definition)	对术语概念与内涵的说明,可以是原始定义的具体化,但语义上与原始定义不允许有冲突,不允许扩大原始的语义	必备
6	注释(Comments)	术语在元数据规范中需要说明的内容,比如特殊的用法等	可选
7	术语类型(Type of Term)	术语的类型。其值为:元素、元素修饰词和编码体系修饰词	必备
8	限定(Refines)	在定义元素修饰词时,在此明确指出该术语修饰的元素,一般给出所修饰元素的名称,推荐同时给出 URI	有则必备
9	元素修饰词(Refined By)	在定义元素时,在此项中给出限定此元素的元素修饰词,一般给出元素修饰词的名称,推荐同时给出 URI	有则必备
10	编码体系应用于(Encoding Scheme For)	在定义编码体系修饰词时,在此给出该术语修饰的元素,一般给出所修饰元素的名称,推荐同时给出 URI	有则必备
11	编码体系修饰词(Encoding Scheme)	在定义元素时,如果元素有编码体系修饰词,在此给出编码体系修饰词,一般给出术语的名称,推荐同时给出 URI	有则必备
12	数据类型(Datatype)	术语允许取值的数据类型	可选
13	版本(Version)	产生该术语的元数据规范版本	可选
14	语言(Language)	说明术语的语言	可选
15	频次范围(Occurrence)	术语使用的频次范围。采用区间的表示方法:(min,max),同时包括了对必备性和最大使用频次的定义。min $=0$ 表示可选;min $=1$ 表示必备;max $=10$ 表示最大使用频率为 10 次;max $=\infty$ 表示最大使用频次没有限制	可选

上述属性中的四项做如下固定取值:

1)版本:1.0;

2)语言:缺省为简体中文;

3)数据类型:字符串;

4)频次范围:一般不限,为[0,∞),在制定著录规则时应给出实际的范围。

7 核心元素及其元素修饰词

7.1 题名

标识符:http://www.nlc.gov.cn/core/elements/title

名称:title

出处:http://purl.org/dc/terms/

标签:题名

定义:由作者赋予学位论文的正式名称。

注释:在学位论文有两种或两种以上语种的题名时,在此著录中文题名。若没有中文题名,应选择与正文语种一致的题名进行著录。

术语类型:元素

元素修饰词:其他题名

示例:

题名:关于徽州古村落保护的研究

题名:合作学习在高中思想政治课中的应用研究——以《文化与社会》为例

其他题名

标识符:http://www.nlc.gov.cn/core/terms/alternative

名称:alternative

出处:http://purl.org/dc/terms/

标签:其他题名

定义:正式题名之外的其他所有题名。

注释:在此著录学位论文的翻译题名、缩略题名、并列题名等。

术语类型:元素修饰词

限定:题名

示例:

其他题名:Study on the lacquer art of the Chu Kingdom—several issues

7.2 作者

标识符:http://www.nlc.gov.cn/core/elements/creator

名称:creator

出处:http://purl.org/dc/terms/

标签:作者

定义:创建学位论文知识性内容的主要责任人。

注释:一般是学位论文的独立作者。

术语类型:元素

元素修饰词:培养机构

示例:

　　作者:李宁

培养机构

标识符:http://www.nlc.gov.cn/core/terms/organization

名称:organization

标签:培养机构

定义:学位论文作者在学期间所在的机构。

注释:对在校学生,培养机构通常用两级机构方式表示,如机构名称、所在的院系或部门等。对在职攻读学位的人员,培养机构通常指作者就职的机构。

术语类型:元素修饰词

限定:作者

示例:

　　培养机构:清华大学电子工程系

7.3 主题

标识符:http://www.nlc.gov.cn/core/elements/subject

名称:subject

出处:http://purl.org/dc/terms/

标签:主题

定义:学位论文内容的主题描述。

注释:描述学位论文内容的关键词、主题词、分类号。建议尽量从受控词表或规范分类词表中取值。

术语类型:元素

编码体系修饰词:汉语主题词表,中国图书馆分类法,中国科学院图书馆图书分类法,美国国会图书馆主题词表,医学主题词表,杜威十进分类法,美国国会图书馆图书分类

法,国际十进分类法,中国分类主题词表

示例:

主题:超声检测;相控阵;相位延时;可重构计算

规范档:汉语主题词表[CT]

7.3.1 汉语主题词表

标识符:http://www.nlc.gov.cn/core/terms/CT

名称:CT

出处:中国科学技术情报研究所,北京图书馆编.汉语主题词表.北京:科学技术文献出版
社,1979.

标签:汉语主题词表

定义:汉语主题词表。

术语类型:编码体系修饰词

编码体系应用于:主题

7.3.2 中国图书馆分类法

标识符:http://www.nlc.gov.cn/core/terms /CLC

名称:CLC

出处:中国图书馆分类法编辑委员会.中国分类主题词表.第2版.北京:北京图书馆出版
社,2005.

标签:中国图书馆分类法

定义:中国图书馆分类法。

术语类型:编码体系修饰词

编码体系应用于:主题

7.3.3 中国分类主题词表

标识符:http://www.nlc.gov.cn/core/terms/CCT

名称:CCT

出处:中国图书馆分类法编辑委员会.中国分类主题词表.第2版.北京:北京图书馆出版
社,2005.

标签:中国分类主题词表

定义:中国分类主题词表。

术语类型:编码体系修饰词

编码体系应用于:主题

7.3.4 美国国会图书馆主题词表

标识符:http://www.nlc.gov.cn/core/terms/LCSH

名称:LCSH

出处:http://lcweb.loc.gov/cds/lcsh.html

标签:美国国会图书馆主题词表

定义:美国国会图书馆编制的一部大型综合性词表。

术语类型:编码体系修饰词

编码体系应用于:主题

7.3.5 美国国会图书馆图书分类法

标识符:http://www.nlc.gov.cn/core/terms/LCC

名称:LCC

出处:http://www.loc.gov/catdir/cpso/lcco

标签:美国国会图书馆图书分类法

定义:美国国会图书馆编制的综合性等级列举式分类法。

术语类型:编码体系修饰词

编码体系应用于:主题

7.4 描述

标识符:http://www.nlc.gov.cn/etd/elements/description

名称:description

出处:http://purl.org/dc/terms/

标签:描述

定义:学位论文内容的文本描述。

注释:包括但不局限于论文的目次、文摘等。

术语类型:元素

元素修饰词:目次,文摘,成果目录,相关文献附注,资助,研究方向

示例:

　　　　描述:该论文入选教育部"2010 年全国优秀博士学位论文"

7.4.1 目次

标识符:http://www.nlc.gov.cn/core/terms/tableOfContents

名称:table of contents

出处:http://purl.org/dc/terms/

标签:目次

定义:资源内容的子单元列表。

注释:一般取自学位论文的目次页。

术语类型:元素修饰词

限定:描述

示例:

7.4.2　文摘

标识符:http://www.nlc.gov.cn/core/terms/abstract

名称:abstract

出处:http://purl.org/dc/terms/

标签:文摘

定义:学位论文内容的简要概述。

注释:由学位论文作者撰写的中、外文文摘。

术语类型:元素修饰词

限定:描述

示例:

文摘:本文对外部开放 API 的主要特征进行了分析,发现开放 API 的身份认证方式是影响开放 API 的集成方案的主要因素。本文设计了应用交互平台的总体方案、工作流程,并进行了模块功能的划分……

7.4.3　成果目录

标识符:http://www.nlc.gov.cn/core/terms/achievementsList

名称:achievements list

标签:成果目录

定义:作者在学期间发表的与学位论文相关的其他学术论文及主要科研成果目录。

术语类型:元素修饰词

限定:描述

示例:

> 成果目录:
>
> 发表论文
>
> 1. 张文雪.试论大学教师文化建设.清华大学教育研究,2006(6):26－29.(中文核心期刊)
>
>   ……

7.4.4　相关文献附注

标识符:http://www.nlc.gov.cn/core/terms/descriptionRelation

名称:description relation

标签:相关文献附注

定义:与学位论文内容相关而又不属于论文主体的附加材料的说明。

注释:用文字说明与学位论文内容相关的附件,如实验数据、实验报告、多媒体、音频、视频、动画、软件系统等。

术语类型:元素修饰词

限定:描述

示例:

> 相关文献附注:本论文附有一套演示程序,通过动画演示方式展现房屋的建筑过程

7.4.5　资助

标识符:http://www.nlc.gov.cn/core/terms/fund

名称:fund

标签:资助

定义:学位论文研究过程中所受基金资助的说明。

注释:论文研究受到某个机构所设立的基金的支持,可以具体到项目名称及项目编号。

术语类型:元素修饰词

限定:描述

示例:

> 资助:国家自然科学基金资助项目,批准号79170049

7.4.6 研究方向

标识符：http://www.nlc.gov.cn/core/terms/researchField

名称：research field

标签：研究方向

定义：指学位论文作者所从事的研究方向。

术语类型：元素修饰词

限定：描述

示例：

　　　　研究方向：决策理论与方法（管理科学与工程学科）

7.5 导师

标识符：http://www.nlc.gov.cn/core/elements/contributor

名称：contributor

出处：http://purl.org/dc/terms/

标签：导师

定义：学位论文作者的指导教师。

术语类型：元素

元素修饰词：导师机构

示例：

　　　　导师：郑君礼

导师机构

标识符：http://www.nlc.gov.cn/core/terms/contributorOrganization

名称：contributor organization

标签：导师机构

定义：论文作者的导师所在的机构名称。

注释：机构通常用两级机构方式表示，如机构名称、所在的院系或部门。在多位导师的情
　　　况下，采用元素修饰词重复的方式著录。

术语类型：元素修饰词

限定：导师

示例：

　　　　导师机构：清华大学电子工程系

16

7.6 日期

标识符:http://www.nlc.gov.cn/core/elements/date

名称:date

出处:http://purl.org/dc/terms/

标签:日期

定义:在学位论文生命周期中一个事件的日期。

注释:一般而言,日期应与资源的创建或可获得的日期相关。包括学位论文的答辩日期、提交日期、全文可获得日期、数字化加工日期、授予学位日期。建议采用的日期格式应符合 ISO 8601〔W3CDTF〕规范,并使用 YYYY – MM – DD 的格式著录。

术语类型:元素

元素修饰词:答辩日期,学位授予日期,提交日期,全文可获得日期

编码体系修饰词:W3CDTF

示例:

　　日期:2008 – 08 – 08(具有学术价值的论文正式印刷出版的日期)

7.6.1 答辩日期

标识符:http://www.nlc.gov.cn/core/terms/defenseDate

名称:defense date

标签:答辩日期

定义:学位论文的正式答辩日期。

术语类型:元素修饰词

限定:日期

编码体系修饰词:W3CDTF

示例:

　　答辩日期:2003 – 06 – 01

7.6.2 学位授予日期

标识符:http://www.nlc.gov.cn/core/terms/granted

名称:granted

标签:学位授予日期

定义:学位授予单位为作者授予学位的日期。

术语类型:元素修饰词

限定:日期

编码体系修饰词:W3CDTF

示例:

　　学位授予日期:2010 - 07 - 09

7.6.3 提交日期

标识符:http://www.nlc.gov.cn/core/terms/submitted

名称:submitted

出处:http://purl.org/dc/terms/

标签:提交日期

定义:电子版学位论文的提交日期。

术语类型:元素修饰词

限定:日期

编码体系修饰词:W3CDTF

示例:

　　提交日期:2003 - 06 - 09

7.6.4 全文可获得日期

标识符:http://www.nlc.gov.cn/core/terms/available

名称:available

出处:http://purl.org/dc/terms/

标签:全文可获得日期

定义:电子版学位论文全文可获得的日期。

术语类型:元素修饰词

限定:日期

编码体系修饰词:W3CDTF

示例:

　　全文可获得日期:2003 - 12 - 09

7.6.5 W3CDTF

标识符:http://www.nlc.gov.cn/core/terms/W3C-DTF

名称:W3CDTF

出处:http://www.w3.org/TR/NOTE-datetime

标签:W3C - DTF

定义:由万维网联盟(W3C)制定的日期和时间的编码规则——基于 ISO 8601 的一部分。

术语类型:编码体系修饰词

编码体系应用于:日期,答辩日期,学位授予日期,提交日期,全文可获得日期

7.7 类型

标识符:http://www.nlc.gov.cn/core/elements/type

名称:type

出处:http://purl.org/dc/terms/

标签:类型

定义:学位论文资源的特征或类型。

注释:类型包括描述资源内容的一般范畴、功能、种属或聚类层次的术语。要描述资源的文件格式、物理媒体或尺寸规格,宜采用"format"元素。本标准中,建议将类型缺省取值为"学位论文"。也可根据具体应用采用其他编码体系修饰词,例如:DCMI 类型词表[DCMIType]。

术语类型:元素

编码体系修饰词:DCMIType

示例:

类型:学位论文

DCMIType

标识符:http://www.nlc.gov.cn/core/terms/DCMIType

名称:DCMIType

出处:http://dublincore.org/documents/dcmi-type-vocabulary/

标签:DCMI Type Vocabulary

定义:用来对资源内容的性质或种类进行分类的类型词汇列表。

注释:一般是特定应用系统内具有唯一识别性的标识符号。

术语类型:编码体系修饰词

编码体系应用于:类型

示例:

类型:text

编码体系修饰词:DCMIType

7.8 格式

标识符:http://www.nlc.gov.cn/core/elements/format

名称：format

出处：http://purl.org/dc/terms/

标签：格式

定义：学位论文资源的文件格式、物理媒体或尺寸规格。

注释：格式可以包括学位论文的文件格式、媒体类型或尺寸规格。可以用来标识展示或操作学位论文资源所需的软硬件或其他相应设备。对于电子版学位论文，尺寸规格是文件大小。建议选择受控词表取值，如网络资源媒体类型[MIME]定义的计算机媒体格式。

元素修饰词：文件大小，页码

编码体系修饰词：IMT

示例：

格式：Application/pdf

7.8.1 文件大小

标识符：http://www.nlc.gov.cn/core/terms/extent

名称：extent

出处：http://purl.org/dc/terms/

标签：文件大小

定义：电子版学位论文的文件字节数。

注释：对于电子版学位论文，指论文文件的字节数。

术语类型：元素修饰词

限定：格式

示例：

文件大小：250MB

7.8.2 页码

标识符：http://www.nlc.gov.cn/core/terms/page

名称：page

出处：国家数字图书馆工程音频资源元数据规范

标签：页码

定义：学位论文的总页数。

术语类型：元素修饰词

限定：格式

示例：

页码：108

7.8.3 IMT

标识符:http://www.nlc.gov.cn/core/terms/IMT

名称:IMT

出处:http://www.iana.org/assignments/media-types/index.html

标签:因特网媒体类型

定义:资源的因特网媒体类型。

注释:定义了各种计算机媒体格式。

术语类型:编码体系修饰词

编码体系应用于:格式

7.9 标识符

标识符:http://www.nlc.gov.cn/core/elements/identifier

名称:identifier

出处:http://purl.org/dc/terms/

标签:标识符

定义:在特定上下文环境中,用来唯一标识一篇学位论文的字符串或数字。

注释:一般采用字符串或数字代码。建议采用符合正式标识体系的字符串进行标识。正
式的标识体系包括但不限于统一资源标识符(URI)、数字对象标识符(DOI)等。

术语类型:元素

编码体系修饰词:URI,DOI

示例:

标识符:211030 - ETD/990381

编码体系修饰词:URI(统一资源标识符)

7.9.1 URI

标识符:http://www.nlc.gov.cn/core/terms/URI

名称:URI

出处:http://www.ietf.org/rfc/rfc2396.txt

标签:统一资源标识符

定义:统一资源标识符(Uniform Resource Identifiers,简称 URI)。

术语类型:编码体系修饰词

编码体系应用于:标识符

7.9.2 DOI

标识符:http://www.nlc.gov.cn/core/terms/DOI

名称:DOI

出处:http://www.doi.org/doi_handbook/TOC.html

标签:数字资源唯一标识符

定义:数字资源唯一标识符(Digital Object Identifier,简称DOI)。

术语类型:编码体系修饰词

编码体系应用于:标识符

7.10 来源

标识符:http://www.nlc.gov.cn/core/elements/source

名称:source

出处:http://purl.org/dc/terms

标签:来源

定义:与当前资源来源有关的参照或指引。

注释:当前学位论文资源可能部分或全部源自来源元素所标识的资源,建议采用符合正式
标识体系的字符串进行标识。

术语类型:元素

编码体系修饰词:URI,DOI

示例:

来源:http://www.cnki.net/kcms/detail/detail.aspx? dbcode = CDFD&QueryID =
0&CurRec = 1&dbname = CDFDLAST2012&filename = 1011280516.nh&uid =
WEEvREcwSlJHSldTTGJhYlQ4THhPYS9lYXp5aHFGb3I3UWc5UjZBeDVlbGw1a
GNCZzY3R FVaRGU5QTZ0NUxjUQ = =(编码体系 = URI)

(注:所描述的学位论文资源来源于CNKI学位论文数据库)

7.10.1 URI

标识符:http://www.nlc.gov.cn/core/terms/URI

名称:URI

出处:http://www.ietf.org/rfc/rfc2396.txt

标签:统一资源标识符

定义:统一资源标识符(Uniform Resource Identifiers,简称URI)。

术语类型:编码体系修饰词

编码体系应用于:来源

7.10.2　DOI

标识符:http://www.nlc.gov.cn/core/terms/DOI

名称:DOI

出处:http://www.doi.org/doi_handbook/TOC.html

标签:数字资源唯一标识符

定义:数字资源唯一标识符(Digital Object Identifier,简称 DOI)。

术语类型:编码体系修饰词

编码体系应用于:来源

7.11　语种

标识符:http://www.nlc.gov.cn/core/elements/language

名称:language

出处:http://purl.org/dc/terms/

标签:语种

定义:描述学位论文内容的语种。

注释:建议采用受控词表进行标识。

术语类型:元素

编码体系修饰词:ISO 639—2、RFC4646

示例:

　　　语种:chi(编码体系 = ISO639—2)

　　　语种:en（编码体系 = RFC4646）

7.11.1　ISO 639—2

标识符:http://www.nlc.gov.cn/core/terms/ISO639-2

名称:ISO 639—2

出处:http://lcweb.loc.gov/standards/iso639-2/langhome.html

标签:ISO639—2 语种识别代码

定义:国际标准化组织制定的 3 字母语种识别代码。

术语类型:编码体系修饰词

编码体系应用于:语种

7.11.2　RFC 4646

标识符:http://www.nlc.gov.cn/core/terms/RFC4646

名称:RFC4646

出处:http://www.ietf.org/rfc/rfc4646.txt

标签:RFC4646

定义:根据 RFC4646 确定的语种识别标签集合。

术语类型:编码体系修饰词

编码体系应用于:语种

7.12 关联

标识符:http://www.nlc.gov.cn/core/elements/relation

名称:relation

出处:http://purl.org/dc/terms/

标签:关联

定义:与学位论文相关的参照资源。

注释:建议采用正式的资源标识符系统指向所参照的资源。

术语类型:元素

元素修饰词:包含,包含于,其他版本,原版本,参照,被参照,附加资源关联

编码体系修饰词:URI,DOI,ISBN,ISSN

示例:

> 关联:尚法集——华东政法大学优秀硕士学位论文集(学位论文"第三人利益合同
> 研究"被收录在图书"尚法集"中)
>
> 7-801-85925-9(编码体系=ISBN)

7.12.1 包含

标识符:http://www.nlc.gov.cn/core/terms/hasPart

名称:has part

出处:http://purl.org/dc/terms/

标签:包含

定义:所描述的学位论文包括被指引的资源,无论是物理上包括还是逻辑上包括。

术语类型:元素修饰词

限定:关联

编码体系修饰词:URI,DOI,ISBN,ISSN

示例:

> 包含:SDH 设备时钟实现演示程序(学位论文包含作者的一篇期刊论文)

24

doi:10.3969/j.issn.1004 - 3810.2008.01.001(编码体系 = DOI)

7.12.2　包含于

标识符:http://www.nlc.gov.cn/core/terms/isPartOf

名称:is part of

出处:http://purl.org/dc/terms/

标签:包含于

定义:所描述的学位论文是另一资源的物理或逻辑组成部分。

术语类型:元素修饰词

限定:关联

编码体系修饰词:URI,DOI,ISBN,ISSN

示例:

> 包含于:纳米网络粒子的结构研究(博士论文是国家自然科学基金项目纳米网络粒子的结构设计及原位形成课题的一部分)
>
> http://www.nsfc.gov.cn/nsfc/cen/nami/htm/59973004.htm(编码体系 = URI)

7.12.3　其他版本

标识符:http://www.nlc.gov.cn/core/terms/hasVersion

名称:has version

出处:http://purl.org/dc/terms/

标签:其他版本

定义:所描述的学位论文有其他版本或者有节略版。

术语类型:元素修饰词

限定:关联

编码体系修饰词:URI,DOI,ISBN,ISSN

示例:

> 其他版本:法典编纂论:一个比较法的视角(由博士论文编辑出版的图书)
>
> 7 - 302 - 05909 - 8(编码体系 = ISBN)

7.12.4　原版本

标识符:http://www.nlc.gov.cn/core/terms/isVersionOf

名称:is version of

出处:http://purl.org/dc/terms/

标签:原版本

定义:说明另一资源是所描述学位论文资源的原版本。

术语类型:元素修饰词

限定:关联

编码体系修饰词:URI,DOI,ISBN,ISSN

示例:

原版本:低熵匹配块运动估计算法及硬件结构研究(是博士论文的原版本)

urn:calis:7805998765(编码体系 = DOI)

7.12.5 参照

标识符:http://www.nlc.gov.cn/core/terms/references

名称:references

出处:http://purl.org/dc/terms/

标签:参照

定义:所描述的学位论文参考、引用或者指向了另一资源。

术语类型:元素修饰词

限定:关联

编码体系修饰词:URI,DOI,ISBN,ISSN

示例:

参照:

[1] Brav A, Gompers P A. 2003. The role of lockups in initial public offerings[J]. Review of Financial Studies. 16(1):1 – 29

[2] Cao C, Field LC, Hanka GR. 2005. Does insider trading impair market liquidity? Evidence from IPO lockup expirations[J]. Journal of Financial and Quantitative Analysis. 78(1):1073 – 1109

......

7.12.6 被参照

标识符:http://www.nlc.gov.cn/core/terms/isReferencedBy

名称:is referenced by

出处:http://purl.org/dc/terms/

标签:被参照

定义:所描述的学位论文被某一资源参考、引用或者指向。

术语类型:元素修饰词

限定:关联

编码体系修饰词:URI,DOI,ISBN,ISSN

示例:

  被参照:合纳米二氧化硅在生物医药方面的应用研究进展(学位论文被该篇期刊论

    文参照)

    http://d.wanfangdata.com.cn/Periodical_gdhg201012027.aspx(编码体系 =

    URI)

7.12.7　附加资源关联

标识符:http://www.nlc.gov.cn/core/terms/relationAdditionResource

名称:relation addition resource

标签:附加资源关联

定义:与学位论文相关的附加资源。

注释:包括与学位论文相关的实验数据、实验报告、多媒体、音频、视频、动画、软件系统等

  附加资源。

术语类型:元素修饰词

限定:关联

编码体系修饰词:URI,DOI,ISBN,ISSN

示例:

  附加资源关联:SDH 设备时钟实现演示程序(学位论文内容的附件)

    urn:calis:7805909199(编码体系 = DOI)

7.12.8　URI

标识符:http://www.nlc.gov.cn/core/terms/URI

名称:URI

出处:http://www.ietf.org/rfc/rfc2396.txt

标签:统一资源标识符

定义:统一资源标识符(Uniform Resource Identifiers,简称 URI)。

术语类型:编码体系修饰词

编码体系应用于:关联,包含,包含于,其他版本,原版本,参照,被参照,附加资源关联

7.12.9　DOI

标识符:http://www.nlc.gov.cn/core/terms/DOI

名称:DOI

出处:http://www.doi.org/doi_handbook/TOC.html

标签:数字资源唯一标识符

定义:数字资源唯一标识符(Digital Object Identifier,简称 DOI)。

术语类型:编码体系修饰词

编码体系应用于:关联,包含,包含于,其他版本,原版本,参照,被参照,附加资源关联

7.12.10 ISBN

标识符:http://www.nlc.gov.cn/core/terms/ISBN

名称:ISBN

出处:http://www.isbn.org/standards/home/isbn/international/index.asp

标签:国际标准书号

定义:国际标准书号(International Standard Book Number,简称 ISBN)。

术语类型:编码体系修饰词

编码体系应用于:关联,包含,包含于,其他版本,原版本,参照,被参照,附加资源关联

7.12.11 ISSN

标识符:http://www.nlc.gov.cn/core/terms/ISSN

名称:ISSN

出处:http://www.issn.org

标签:国际标准期刊号

定义:International Standard Serial Number 的缩写,国际标准期刊号的简称。

注释:国际上分配给正式连续出版物(期刊、报纸等)的具有识别性的代码。

术语类型:编码体系修饰词

编码体系应用于:关联,包含,包含于,其他版本,原版本,参照,被参照,附加资源关联

7.13 权限

标识符:http://www.nlc.gov.cn/core/elements/rights

名称:rights

出处:http://purl.org/dc/terms/

标签:权限

定义:学位论文所有者的权利信息,授权使用的信息和约束。

注释:通常指有关学位论文的著作权和版权的声明,或者指学位论文提供服务的授权范围和声明。学位论文的权限包括著作权和版权。如果没有权限声明,则不能对权限管理做任何假设。

术语类型:元素

元素修饰词:权限声明,保密级别

示例:

> 权限:论文全文仅限校园网范围浏览

7.13.1 权限声明

标识符:http://www.nlc.gov.cn/core/terms/rightsStatement

名称:rights statement

标签:权限声明

定义:学位论文权限的文字声明。

注释:可包括拥有权限和使用权限。

术语类型:元素修饰词

限定:权限

示例:

> 权限声明:本人完全了解清华大学有关保留、使用学位论文的规定,即:学校有权保留送交论文的复印件,允许论文被查阅和借阅;学校可以公布论文的全部或部分内容,可以采用影印、缩印或其他复制手段保存论文。

7.13.2 保密级别

标识符:http://www.nlc.gov.cn/core/terms/securityClassfication

名称:security classfication

标签:保密级别

定义:学位论文的保密级别。

注释:包括公开、内部、秘密、机密、绝密等。

术语类型:元素修饰词

限定:权限

示例:

> 保密级别:公开

7.14 时空范围

标识符:http://cdls.nstl.gov.cn/basic/terms/coverage

名称:coverage

出处:http://purl.org/dc/terms/

标签:时空范围

定义:学位论文资源所涉及的空间或时间主题,即资源所适用的空间或资源所辖的范围。

注释:时空范围一般包括空间位置(一个地名或地理坐标)、时间区间(一个时间标签,日期或一个日期范围)或者行政辖区的范围(比如指定的一个行政实体)。推荐时空范围最好是取自于一个受控词表(例如地理名称叙词表[TGN]),并应尽可能地使用由数字表示的坐标或日期区间来描述地名与时间段。

术语类型:元素

元素修饰词:空间范围,时间范围

7.14.1 空间范围

标识符:http://www.nlc.gov.cn/core/terms/spatial

名称:spatial

出处:http://purl.org/dc/terms

标签:空间范围

定义:所描述学位论文资源知识内容的空间特征。

注释:建议地点的表达采用受控的词汇。

术语类型:元素修饰词

限定:coverage

编码体系修饰词:point,ISO3166,TGN

示例:

空间范围:name = Paris;east = 2.20;north = −48.52(编码体系 = Point)

7.14.1.1 point

标识符:http://www.nlc.gov.cn/core/terms/point

名称:point

出处:http://purl.org/dc/terms/

标签:DCMI Point

定义:DCMI 地理位置,用地理坐标值来指明地点。

术语类型:编码体系修饰词

编码体系应用于:spatial

7.14.1.2 ISO3166

标识符:http://www.nlc.gov.cn/core/terms/ISO3166

名称:ISO3166

出处:http://www.iso.org/iso/en/prods-services/iso3166ma/02iso-3166-code-lists/list-en1.html

标签:ISO 3166

定义:ISO 3166 标准中的国家和地区代码。

术语类型:编码体系修饰词

编码体系应用于:spatial

7.14.1.3 TGN

标识符:http://www.nlc.gov.cn/core/terms/TGN

名称:TGN

出处:http://www.getty.edu/research/tools/vocabulary/tgn/index.html

标签:TGN

定义:Getty 地理名称叙词表。

术语类型:编码体系修饰词

编码体系应用于:spatial

7.14.2 时间范围

标识符:http://www.nlc.gov.cn/core/terms/temporal

名称:temporal

出处:http://purl.org/dc/terms

标签:时间范围

定义:所描述学位论文资源知识内容的时间特征。

注释:建议时间的表达采用受控的词汇。

术语类型:元素修饰词

限定:coverage

编码体系修饰词:period,W3CDTF

示例:

时间范围:name = 第一次世界大战;start：1914;end：1918(编码体系 = DCMI Period)

7.14.2.1 period

标识符:http://www.nlc.gov.cn/core/terms/period

名称:period

出处:http://purl.org/dc/terms/

标签:DCMI Period

定义:表示时间间隔的一种方法。

术语类型:编码体系修饰词

编码体系应用于:temporal

7.14.2.2　W3CDTF

标识符:http://www.nlc.gov.cn/core/terms/W3C－DTF

名称:W3CDTF

出处:http://www.w3.org/TR/NOTE-datetime

标签:W3C－DTF

定义:由万维网联盟(W3C)制定的日期和时间的编码规则——基于 ISO 8601 的一部分。

术语类型:编码体系修饰词

编码体系应用于:temporal

8　个别元素及其修饰词

8.1　学位

标识符:http://www.nlc.gov.cn/ETD /terms/degree

名称:degree

标签:学位

定义:与学位论文相关的学位信息。

注释:描述与学位论文相关的学位信息。

术语类型:元素

元素修饰词:学科专业,学位授予单位,学位名称,学位级别

编码体系修饰词:学位名称代码,学科/专业目录

示例:

　　　学位:理学博士

8.1.1　学科专业

标识符:http://www.nlc.gov.cn/ETD/terms/discipline

名称:discipline

标签:学科专业

定义:学位授权的学科专业。

注释:可用于教育管理机构对特定学位授权的学科专业论文进行分类统计以及关于资源
　　　内容的导航。学科通常用三级方式表示:学科门类、一级学科、二级学科。

术语类型:元素修饰词

限定:学位

编码体系修饰词:学科/专业目录

示例:

　　　学科专业:理学—数学—基础数学

8.1.2　学位授予单位

标识符:http://www.nlc.gov.cn/ETD/terms/grantor

名称:grantor

标签:学位授予单位

定义:学位授予权单位的正式名称。

注释:经国务院批准,由国务院学位委员会下达的、有学位授予权单位的正式名称。高等
　　　学校一律以校为学位授予单位;中国科学院以及中国社会科学院以研究生院为学位
　　　授予单位;国务院各部委所属科研机构,一般以研究院为学位授予单位。

术语类型:元素修饰词

限定:学位

示例:

　　　学位授予单位:清华大学

8.1.3　学位名称

标识符:http://www.nlc.gov.cn/ETD/terms/degreeName

名称:degree name

标签:学位名称

定义:学位论文作者获得的学位名称。

注释:学位授予单位依据所描述的学位论文授予的学位名称。

术语类型:元素修饰词

限定:学位

编码体系修饰词:学位名称代码

示例:

　　　学位名称:工学硕士

8.1.4　学位级别

标识符:http://www.nlc.gov.cn/ETD/terms/degreeLevel

名称:degree level

标签:学位级别

定义:学位论文作者获得的学位级别。

注释:一般包括学士、硕士和博士。

术语类型:元素修饰词

限定:学位

示例:

学位级别:硕士

8.1.5 学科/专业目录

标识符:http://www.nlc.gov.cn/ETD/terms/disciplineList

名称:discipline list

出处:学位授予和人才培养学科目录(2011 年). http://www.moe.edu.cn/ewebeditor/up-
loadfile/20110401155223935.doc

标签:学科/专业目录

定义:反映学位论文资源所属学科、专业的受控主题词表,主要指我国教育部颁发的《学
位授予和人才培养学科目录(2011 年)》。

注释:可用于学位论文资源的导航。

术语类型:编码体系修饰词

编码体系应用于:学科专业

8.1.6 学位名称代码

标识符:http://www.nlc.gov.cn/ETD/terms/degreeCode

名称:degree code

出处:GB/T 6864—2003《中华人民共和国学位代码》

标签:学位名称代码

定义:依据 GB/T 6864 的规定赋予学位论文的识别性代码。

术语类型:编码体系修饰词

编码体系应用于:学位名称

8.2 馆藏信息

标识符:http://www.nlc.gov.cn/etd/terms/location

名称:location

出处:http://www.loc.gov/standards/mods

标签:馆藏信息

定义:用以标识以物理形式存在的学位论文的可获取位置。

注释:用来标识学位论文以纸本或光盘、磁带等形式存放的馆藏地点,用户可据此找出学
位论文。

术语类型:元素

元素修饰词:典藏号

示例:

　　　　馆藏信息:清华大学图书馆特藏阅览室

典藏号

标识符:http://www.nlc.gov.cn/etd/terms/callNumber

名称:call number

标签:典藏号

定义:为了检索和排架的需要给予物理形式存在的学位论文的一个特定号码。

术语类型:元素修饰词

限定:馆藏信息

示例:

　　　　典藏号:D-2003-020105-001

第二部分　国家图书馆学位论文元数据规范著录规则

研制说明

　　本著录规则根据"第一部分　国家图书馆学位论文元数据标准规范"（以下简称"规范"）的基本原则，给出了著录学位论文的具体实施方法。

　　本著录规则旨在为"规范"的正确、有效应用提供通用性的指导。使用者可根据应用系统的实际需求，在不违背本规则一般应用原则的前提下，制定专门的应用规则。

　　本著录规则依据"规范"定义的元素及其修饰词以及元素与修饰词说明的学位论文特征，为规范元数据记录中元素与修饰词的取值，规定了元素、元素修饰词的著录信息源，同时也规定了元素及其修饰词的内容、属性的具体设置、取值和特征，并通过著录范例指示应用有关规则的具体操作方法。

　　本著录规则参考采用科技部科技基础性工作专项基金重大项目《我国数字图书馆标准规范建设》的相关研究成果。

1 范围

本规则作为"国家数字图书馆工程标准规范建设项目"中学位论文元数据规范的著录规则,给出了国家图书馆学位论文元数据描述的指导性原则。

本规则以国家图书馆收藏的学位论文资源为主要著录和描述对象。但适用范围不仅限于国家图书馆和国家数字图书馆工程,原则上也可以用于其他机构的学位论文资源的著录和描述。

针对大多数机构的学位论文资源,一般可以直接使用本规则。有特殊应用的场景下,可以参照本书第一部分进行扩展,但在扩展的元数据方案中如果复用第一部分的元素,其语义必须保持严格一致。本著录规则可以适用于所有学位论文的描述。使用单位可根据实际需要对特定用途的学位论文依据本书第一部分的扩展规则来扩展元素。

2 规范性引用文件

下列文件对于本文件的应用是必不可少的。凡是注明日期的引用文件,仅注日期的版本适用于本文件。凡是不注日期的引用文件,其最新版本(包括所有的修改单)适用于本文本。

DCMI DCSV:A syntax for representing simple structured data in a text sting

DCMI 结构化取值:在文本串中表现简单的结构化数据的句法

< http://dublincore. org/documents/2006/04/10/dcmi-dcsv >

DCMI Type Vocabulary: DCMI Recommendation,28 August 2006. [DCMI-TYPE]

DCMI 资源类型表(推荐稿),2006 年 8 月 28 日[DCMI-TYPE]

< http://dublincore. org/documents/dcmi-type-vocabulary >

Date and Time Formats, W3C Note. [W3CDTF]

日期与时间格式,W3C 注释 [W3CDTF]

< http://www. w3. org/TR/NOTE-datetime >

ISO 639—2 Codes for the representation of names of languages, Alpha – 3 code. [ISO639]

ISO 639—2   语种名称代码表:3 位代码[ISO639]

< http://www. loc. gov/standards/iso639-2/langhome. html >

MIME Media Types.［MIME］

因特网媒体类型［MIME］

<http：//www. iana. org/assignments/media-types >

Tags for Identifying Languages.［RFC4646］

语种标识表［RFC4646］

< http：//www. ietf. org/rfc/rfc4646. txt >

Uniform Resource Identifiers(URI)：Generic Syntax.［RFC3986］

统一资源标识符(URI)：通用语法［RFC3986］

< http：//www. ieft. org/rfc/rfc3986. txt >

3 著录总则

3.1 著录内容

本著录规则包含"第一部分 国家图书馆学位论文元数据规范"的 16 个元素。著录总则对学位论文的著录对象、著录信息源、著录标识符、著录用文字、编码体系修饰词和著录项目分别做了统一的规定,以确保学位论文的描述统一、规范、全面而简洁。

3.2 著录单位

学位论文的著录单位以单篇学位论文实体为主,在电子版、印刷版或者缩微版同时存在的情况下,以电子版的特征为主著录,涉及印刷版或缩微版的特性,可从印刷版或缩微版中提取著录项。在只有电子版学位论文的情况下,从电子版论文提取著录项。

3.3 著录信息源

著录信息源来自被著录的信息资源本身。各个具体著录项目以各自特定的规定信息源及其选取顺序作为著录依据。对著录信息源中缺失的必备项,可根据论文前后内容判断著录。

3.4 著录用文字

本规则著录所用文字按学位论文资源对象所用文字客观著录。除中文外的其他语种文字严格按照各语种的语言习惯著录。

3.5　编码体系修饰词

本规则列出了一些常用的编码体系修饰词。元数据应用单位可以根据具体情况采用列出的,或者自行定义所需的编码体系修饰词。

4　著录规则的内容结构

学位论文的元数据记录包含"第一部分　国家图书馆学位论文元数据规范"定义的16个元素及其应用的修饰词。本规则不对元数据记录中各元素的排列次序做强制性的规定,应用者可以根据用户使用的习惯以及其他需求,自行决定元素的排列次序。

在著录细则中,以元素为主线顺序撰写每个元素的著录规则,每个元素的说明项目详见表2－1,每个元素修饰词的说明项目详见表2－2。

表2－1　著录规则中元素的说明项目

项目	项目定义与内容
名称	元素的唯一标记
标签	描述元素的可读标签
定义	元素内涵和外延的说明
元素的著录内容	元素的定义通常是比较抽象的,对于具体的资源对象,在此项为细化的说明
注释	对元素著录时任何注意事项的说明
元素修饰词	若有元素修饰词,给出元素修饰词在本规范中的标签,其著录内容在"编码体系修饰词及其用法"项说明
编码体系修饰词及其用法	元素取值依据的各种受控词表和规范标记,或者其形式遵循的特定解析规则。因此,一个使用某一编码系统表达的值可能会是选自某一受控词表的标志(例如取自一部分类法或一套主题词表的标志)或一串根据规范标记格式化的字符(例如作为日期标准表达的"2000－01－01")。这里不仅要给出编码体系修饰词的名称,最重要的是,应给出编码体系修饰词的具体用法
规范文档	说明著录元素内容时依据的各种规范。元素取值可能来自各种受控词表和规范。它可以和编码体系修饰词一致,也可以是适应具体需要而做出的相关规则
必备性	说明元素是否必须著录。取值有:必备、可选、有则必备
可重复性	说明元素是否可以重复著录。取值有:可重复、不可重复
著录范例	著录元素时的典型实例。实例应包括元素与元素修饰词的著录说明

表 2 – 2 著录规则中元素修饰词的说明项目

项目	项目定义与内容
名称	赋予元素修饰词的唯一标记
标签	元素修饰词在此专门元数据规范中的标签,即在本应用纲要中的标签
定义	元素修饰词在本元数据规范中的定义
元素修饰词的著录内容	说明元素修饰词的著录内容
注释	对元素修饰词著录时任何注意事项的说明
编码体系修饰词及其用法	元素修饰词取值依据的各种受控词表和规范标记,或者其形式遵循的特定解析规则。因此,一个使用某一编码系统表达的值可能会是选自某一受控词表的标志(例如取自一部分类法或一套主题词表的标志)或一串根据规范标记格式化的字符(例如作为日期标准表达的"2000 – 01 – 01")。这里不仅要给出编码体系修饰词的名称,最重要的是,应给出编码体系修饰词的具体用法
规范文档	说明著录元素修饰词内容时依据的各种规范。元素修饰词取值可能来自各种受控词表和规范。它可以和编码体系修饰词一致,也可以是适应具体需要而做出的相关规则
必备性	说明元素修饰词是否必须著录。取值有:必备、可选、有责必备
可重复性	说明元素修饰词是否可以重复著录。取值有:可重复、不可重复
著录范例	著录元素修饰词时的典型实例

5 著录细则

5.1 题名

名称:title

标签:题名

定义:由作者赋予学位论文的正式名称。

元素的著录内容:照录学位论文的题名,包括正题名和副题名。

注释:在学位论文有两种或两种以上语种的题名时,在此照录中文题名。题名文字的标点符号以及字母的大小写一律如实照录。

元素修饰词:其他题名

必备性:必备

可重复性:可重复

著录范例:

例1 题名:关于徽州古村落保护的研究

例2 题名:合作学习在高中思想政治课中的应用研究——以《文化与社会》为例

例3 题名:楚国漆艺研究——兼论中国古代漆艺若干问题

其他题名

名称:alternative

标签:其他题名

定义:正式题名之外的其他所有题名。

元素修饰词的著录内容:照录学位论文的其他题名,包括翻译题名、缩略题名、并列题名。

注释:通常大多数情况下学位论文的其他题名为英文题名。其他题名文字的标点符号以及字母的大小写一律如实照录。若有英文题名以外的其他语种的题名,各著录单位可根据本单位需要选择著录。

必备性:有则必备

可重复性:可重复

著录范例:

例1 题名:楚国漆艺研究——兼论中国古代漆艺若干问题

其他题名:Study on the lacquer art of the Chu Kingdom—several issues on ancient Chinese lacquer art

例2 题名:世界贸易组织争端解决机制的效用研究

其他题名:Studies on the Effectiveness of WTO Dispute Settlement Mechanism

例3 题名:相控阵超声检测系统研究

其他题名:Research on Phased Array Ultrasonic Testing System

5.2 作者

名称:creator

标签:作者

定义:创建学位论文知识性内容的主要个人。

元素的著录内容:学位论文的作者。

注释:论文作者采用"姓在前,名在后"形式著录,欧美等留学生如果只有中文姓名,未注明原姓名,则可仅著录中文姓名。如果既有中文姓名,又有原姓名的,应先著录中文姓名,并将外国人的姓名原文置于其后的圆括号中,原名格式采用"姓在前,名在后,中间用半角逗号分隔"的形式著录。少数民族作者的姓名按照学位论文的题名页照录。

元素修饰词:培养机构

必备性:必备

可重复性:不可重复

著录范例:

例1　作者:李宁

例2　作者:约翰·维尔逊(Wilso John)

例3　作者:伊力亚·库尔班

培养机构

名称:organization

标签:培养机构

定义:学位论文作者在学期间所在的机构。

元素修饰词的著录内容:学位论文作者所在的机构。

注释:对在校学生,培养机构通常用两级机构方式表示,如机构名称、所在的院系或部门等。对在职攻读学位的人员,培养机构通常指作者就职的机构。

必备性:必备

可重复性:可重复

著录范例:

例1　培养机构:清华大学电子工程系

例2　培养机构:上海交通大学情报科学技术研究所

例3　培养机构:中国科学院地质与地球物理研究所

5.3　主题

名称:subject

标签:主题

定义:学位论文内容的主题描述。

元素的著录内容:著录表达学位论文内容的关键词、主题词、分类号等。

注释:推荐主题词、分类号取自受控词表或规范的分类体系,主题词一般选自《汉语主题词表》,分类号一般取自《中国图书馆分类法》。如果论文作者未给出关键词,著录人员需要严格按照论文所描述的内容给出3—6个主题词或关键词。

编码体系修饰词及其用法:汉语主题词表,中国图书馆分类法,中国分类主题词表,美国国会图书馆主题词表,美国国会图书馆图书分类法

规范文档:元素值最好取自编码体系修饰词中所列的词表或分类体系。如 CT,CLC,CCT,
　　　LCSH,LCC

必备性:必备

可重复性:可重复

著录范例:

　　例1　主题:超声检测;相控阵;相位延时;可重构计算(编码体系 = CT)

　　例2　主题:TP39(编码体系 = CLC)

　　例3　主题:旋光色散(编码体系 = CCT)

5.4　描述

名称:description

标签:描述

定义:学位论文内容的文本描述。

元素的著录内容:有关学位论文内容的文本描述都可以放在描述元素中,它包括目次、文
　　摘、成果目录、相关文献附注、资助等5 个元素修饰词。当论文同时含有多个语种的
　　文摘时,文摘修饰词可重复,以分别著录不同语种的文摘。

注释:包括而不仅局限于论文的目次、文摘。

元素修饰词:目次,文摘,成果目录,相关文献附注,资助,研究方向

必备性:必备

可重复性:可重复

著录范例:

　　描述:该论文入选教育部"2010 年全国优秀博士学位论文"

5.4.1　目次

名称:table of contents

标签:目次

定义:资源内容的目次列表。

元素修饰词的著录内容:著录学位论文的目次信息。

必备性:可选

可重复性:不可重复

著录范例:

　　例1　目次:

　　　　第一章　引言 ……………………………………………………… 1

例2　目次：

5.4.2　文摘

名称：abstract

标签：文摘

定义：学位论文内容的简要概述。

元素修饰词的著录内容：著录学位论文的中、外文文摘，不同语种的文摘采用元素修饰词重复的方式著录。

必备性：必备

可重复性：可重复

著录范例：

例1　文摘：本文对外部开放 API 的主要特征进行了分析，发现开放 API 的身份认证方式是影响开放 API 的集成方案的主要因素。本文设计了应用交互平台的总体方案、工作流程，并进行了模块功能的划分……

例2　文摘：By analyzing the features of OpenAPIs, we found key problem of the integration scheme is the authentication type. In the article we design the primary scheme, working process of the application interaction platform, and divide the platform's function to modules…

例3 文摘:制造企业实施的先进制造技术形态各异,但从技术和系统方法层面,有
一类技术项目之间本质上存在着共性——系统性和数字化……

5.4.3 成果目录

名称:achievements list

标签:成果目录

定义:作者在学期间发表的与学位论文相关的其他学术论文及主要科研成果目录。

元素修饰词的著录内容:著录作者在学期间发表的学术论文及主要科研成果目录。

必备性:可选

可重复性:可重复

著录范例:

成果目录:

发表论文

1. 张文雪.试论大学教师文化建设.清华大学教育研究,2006(6):26－29.（中文核心期刊）

2. Zhang Wenxue, Wang Sunyu. Professional Accreditation System and Its Effects on Engineering Higher Education of China. International Forum on Engineering Higher Education for the 21st Century, November 8－9, 2007, Hong Kong(国际会议论文集)

……

研究成果

1. 2005年国家级教学成果奖一等奖:创建研究型本科教学体系,提高教育质量,教育部(第三完成人)

2. 国际合作研究项目:Global Engineering Excellence(主要成员)

……

5.4.4 相关文献附注

名称:description relation

标签:相关文献附注

定义:与学位论文内容相关而又不属于论文主体的附加材料的说明。

元素修饰词的著录内容:用文字说明与学位论文内容相关的附件,如实验数据、实验报告、多媒体、音频、视频、动画、软件系统等。

注释:也可著录与学位论文内容相关的、单独装订成册的附录等资料。

必备性:可选

可重复性:可重复

著录范例：

　　例1　相关文献附注:本论文附有一套演示程序,通过动画演示方式展现房屋的建筑
　　　　　过程

　　例2　相关文献附注:本论文附有一套 java 源程序代码以及程序演示系统

　　例3　相关文献附注:本论文附有一套实验数据

5.4.5　资助

名称:fund

标签:资助

定义:学位论文研究过程中所受基金资助的说明。

元素修饰词的著录内容:著录论文研究受到某个机构所设立基金的支持,可以具体到项目
　　　　名称及项目编号。对于没有项目编号的资助,则不著录项目编号。

必备性:可选

可重复性:可重复

著录范例：

　　例1　资助:国家自然科学基金资助项目,批准号 79170049

　　例2　资助:教育部人文社会科学"十五"规划项目,项目批准号 01JC740007

　　例3　资助:本论文受国家 863 计划(2003AA625020)资助

5.4.6　研究方向

名称:research field

标签:研究方向

定义:指学位论文作者所从事的研究方向。

元素修饰词的著录内容:著录学位论文作者所从事的研究方向。

注释:依照学位论文提供的研究方向照录,如论文本身未说明研究方向则可不著录。一般
　　　参照研究生报考时选定的研究方向。

必备性:可选

可重复性:可重复

著录范例：

　　例1　研究方向:决策理论与方法(管理科学与工程学科)

　　例2　研究方向:国际金融(金融学学科)

5.5　导师

名称:contributor

标签:导师

定义:学位论文作者的指导教师。

元素的著录内容:论文导师采用“姓在前,名在后”形式著录,国外导师如果只有中文姓名,未注明原姓名,则可仅著录中文姓名。如果既有中文姓名,又有原姓名的,应先著录中文姓名,并将外国人的姓名原文置于其后的圆括号中,原名格式采用“姓在前,名在后,中间用半角逗号分隔”的形式著录。少数民族导师的姓名按照学位论文的题名页照录。

注释:在多位导师的情况下,采用元素重复的方式著录。

元素修饰词:导师机构

必备性:必备

可重复性:可重复

著录范例:

　　例1　导师:郑君礼

　　例2　导师:李国新

　　例3　导师:William Gropp

导师机构

名称:contributor organization

标签:导师机构

定义:导师所在的机构名称。

元素修饰词的著录内容:论文作者的导师所在的机构名称。

注释:机构通常用两级机构方式表示,如机构名称、所在的院系或部门。

必备性:必备

可重复性:可重复

著录范例:

　　例1　导师机构:清华大学电子工程系

　　例2　导师机构:北京大学信息管理系

　　例3　导师机构:Department of Computer Science,Cornell University

5.6　日期

名称:date

标签:日期

定义:在学位论文生命周期中一个事件的日期。

元素的著录内容:日期元素包括答辩日期,学位授予日期,提交日期,数字化加工日期,全文可获得日期。

注释:日期有明确的年月日,采用"YYYY - MM - DD"的形式著录。如果只有年月,采用"YYYY - MM"的形式著录。对不确定的日期,可以根据相关日期推测,采用加方括弧的形式著录[YYYY - MM]。

元素修饰词:答辩日期,学位授予日期,提交日期,全文可获得日期

编码体系修饰词及其用法:W3CDTF

规范文档:W3C - DTF

必备性:必备

可重复性:可重复

著录范例:

日期:2008 - 10 - 08

(具有学术价值的论文正式印刷出版的日期)

5.6.1 答辩日期

名称:defense date

标签:答辩日期

定义:学位论文的答辩日期。

元素修饰词的著录内容:学位论文的答辩日期。

注释:日期有明确的年月日,采用"YYYY - MM - DD"的形式著录。如果只有年月,采用"YYYY - MM"的形式著录。对不确定的日期,可以根据相关日期推测,采用加方括弧的形式著录[YYYY - MM]。

编码体系修饰词及其用法:W3CDTF

规范文档:W3C - DTF

必备性:必备

可重复性:不可重复

著录范例:

例1 答辩日期:2003 - 06 - 01

例2 答辩日期:2009 - 06

例3 答辩日期:[2011 - 06]

5.6.2 学位授予日期

名称:granted

标签:学位授予日期

定义:学位授予单位为作者授予学位的日期。

元素修饰词的著录内容:学位授予的日期。

注释:日期有明确的年月日,采用"YYYY – MM – DD"的形式著录。如果只有年月,采用"YYYY – MM"的形式著录。对不确定的日期,可以根据相关日期推测,采用加方括弧的形式著录[YYYY – MM]。

编码体系修饰词及其用法:W3CDTF

规范文档:W3C – DTF

必备性:可选

可重复性:不可重复

著录范例:

 例1 学位授予日期:2003 – 06 – 09

 例2 学位授予日期:2009 – 06

 例3 学位授予日期:[2011 – 06]

5.6.3 提交日期

名称:submitted

标签:提交日期

定义:电子版学位论文的提交日期。

元素修饰词的著录内容:原生电子版学位论文的提交日期。

注释:日期有明确的年月日,采用"YYYY – MM – DD"的形式著录。如果只有年月,采用"YYYY – MM"的形式著录。对不确定的日期,可以根据相关日期推测,采用加方括弧的形式著录[YYYY – MM]。

编码体系修饰词及其用法:W3CDTF

规范文档:W3C – DTF

必备性:可选

可重复性:不可重复

著录范例:

 例1 提交日期:2003 – 06 – 09

 例2 提交日期:2009 – 06

 例3 提交日期:[2007 – 06]

5.6.4 全文可获得日期

名称:available

标签:全文可获得日期

定义:电子版学位论文的全文可获得日期。

元素修饰词的著录内容:电子版学位论文全文在网上可获得日期。

注释:日期有明确的年月日,采用"YYYY – MM – DD"的形式著录。如果只有年月,采用"YYYY – MM"的形式著录。对不确定的日期,可以根据相关日期推测,采用加方括弧的形式著录[YYYY – MM]。

编码体系修饰词及其用法:W3CDTF,可参照 http://www.w3.org/TR/NOTE-datetime

规范文档:W3C – DTF

必备性:有则必备

可重复性:不可重复

著录范例:

  例1 全文可获得日期:2003 – 12 – 09

  例2 全文可获得日期:2007 – 09

  例3 全文可获得日期:[2011 – 09]

5.7 类型

名称:type

标签:类型

定义:学位论文资源的特征或类型。

注释:类型包括描述资源内容的一般范畴、功能、种属或聚类层次的术语。要描述资源的文件格式、物理媒体或尺寸规格,宜采用"format"元素。本标准中,建议将类型缺省取值为"学位论文"。也可根据具体应用采用其他编码体系修饰词,例如:DCMI 类型词表[DCMITYPE]。

编码体系修饰词及其用法:DCMIType

规范文档:DCMIType

必备性:必备

可重复性:可重复

著录范例:

  类型:学位论文

5.8 格式

名称:format

标签:格式

定义:学位论文的文件格式或文件大小、物理媒体种类或尺寸规格。

元素的著录内容:电子版学位论文发布的文件格式。

注释:格式包括资源的媒体类型或者资源大小,或者标识展示或操作资源所需的软硬件或其他相应设备。建议参照资源网络媒体类型(Information Media Type)表,例如因特网媒体类型[MIME]定义的计算机媒体格式,可参见http://www.iana.org/assignments/media-types/index.html;例如尺寸规格可以是大小尺寸或持续时间。建议采用受控词表,例如因特网媒体类型[MIME]定义的计算机媒体格式。有一种以上格式时,重复本元素。

元素修饰词:文件大小,页码

编码体系修饰词及其用法:IMT

规范文档:IMT

必备性:有则必备

可重复性:可重复

著录范例:

例1　格式:Application/pdf

例2　格式:Application/image

例3　格式:Application/word

5.8.1　文件大小

名称:extent

标签:文件大小

定义:电子版学位论文的文件字节数。

元素修饰词的著录内容:对于电子版学位论文,指论文文件的字节数。

注释:如果一篇论文由若干个文件组成,建议描述该论文所有文件的总的大小,并在"描述"元素中记录文件个数。

必备性:可选

可重复性:可重复

著录范例:

文件大小:250MB

5.8.2　页码

名称:page

标签:页码

定义:学位论文的总页数。

元素修饰词的著录内容:著录学位论文的总页码数。

注释:学位论文包含的所有页数总和,在电子版、印刷版或者缩微版同时存在的情况下,从电子版中提取页码项,如果电子版、印刷版或者缩微版页码总数不同,以电子版包含的页码总数著录。

必备性:可选

可重复性:不可重复

著录范例:

页码:108 页

5.9 标识符

名称:identifier

标签:标识符

定义:在特定上下文环境中,用来唯一标识一篇学位论文的字符串或数字。

元素的著录内容:著录在特定的环境中确认学位论文资源的唯一标识。建议采用符合正式标识体系的字符串进行标识。

注释:一般采用字符串或数字代码。建议采用符合正式标识体系的字符串进行标识。正式的标识体系包括但不限于统一资源标识符(URI)、数字对象标识符(DOI)等。

编码体系修饰词及其用法:URI,DOI

规范文档:URI,DOI

必备性:有则必备

可重复性:可重复

著录范例:

例1 标识符:211030 - ETD/990381(编码体系 = URI)

例2 标识符:7 - 80209 - 294 - 9(编码体系 = URI)

5.10 来源

名称:source

标签:来源

定义:与当前资源来源有关的参照或指引。

元素的著录内容:著录与当前学位论文资源的来源有关的参照或指引。

注释:当前学位论文资源可能部分或全部源自来源元素所标识的资源,建议采用符合正式标识体系的字符串进行标识。

编码体系修饰词及其用法：URI，DOI

规范文档：URI，DOI

必备性：可选

可重复性：可重复

著录范例：

例1　来源：http：//www.cnki.net/kcms/detail/detail.aspx？dbcode=CDFD&QueryID
=0&CurRec=1&dbname=CDFDLAST2012&filename=1011280516.
nh&uid=WEEvREcwSlJHSldTTGJhYlQ4THhPYS9lYXp5aHFGb3I3UWc5Uj
ZBeDVlbGw1aGN CZzY3RFVaRGU5QTZ0NUxjUQ==（编码体系=URI）

（注：所描述的学位论文资源来源于 CNKI 学位论文数据库）

例2　来源：http：//wanfang.calis.edu.cn/D/Thesis_Y705104.aspx

（注：所描述的学位论文资源来源于万方中国学位论文数据库）

5.11　语种

名称：language

标签：语种

定义：描述学位论文知识内容的语种。

元素的著录内容：著录学位论文内容所用的语言，建议采用规范的语种代码进行标识。

注释：有一种以上语种时重复本元素，元数据应用单位可根据具体应用采用其他编码体系
修饰词。

编码体系修饰词及其用法：ISO639—2、RFC4646

规范文档：ISO 639—2、RFC 4646

必备性：可选

可重复性：可重复

著录范例：

例1　语种：chi　　（编码体系=ISO639—2）

例2　语种：eng　　（编码体系=ISO639—2）

例3　语种：eng-UN（编码体系=RFC4646）

5.12　关联

名称：relation

标签：关联

定义:与学位论文相关的参照资源。

元素的著录内容:著录与本学位论文资源存在某种关系的其他资源。

注释:建议采用正式的资源标识符系统指向所参照的资源。当关联元素可以用其包含的
修饰词来描述时,该元素值可以为空。

元素修饰词:包含,包含于,其他版本,原版本,参照,被参照,附加资源关联

编码体系修饰词及其用法:URI,DOI,ISBN,ISSN

规范文档:URI,DOI,ISBN,ISSN

必备性:可选

可重复性:可重复

著录范例:

关联:尚法集——华东政法大学优秀硕士学位论文集

(学位论文"第三人利益合同研究"被收录在图书"尚法集"中)

7 – 801 – 85925 – 9(编码体系 = ISBN)

5.12.1 包含

名称:has part

标签:包含

定义:所描述的学位论文在物理上或逻辑上包含了另一资源。

元素修饰词的著录内容:著录所包含资源的题名与唯一标识符。

编码体系修饰词及其用法:URI,DOI,ISBN,ISSN

规范文档:URI,DOI,ISBN,ISSN

必备性:可选

可重复性:可重复

著录范例:

包含:SDH 设备时钟实现演示程序(学位论文包含作者的一篇期刊论文)

doi:10.3969/j.issn.1004 – 3810.2008.01.001(编码体系 = DOI)

5.12.2 包含于

名称:is part of

标签:包含于

定义:所描述的学位论文是另一资源的物理或逻辑组成部分。

元素修饰词的著录内容:著录包含所描述学位论文的另一资源的题名与唯一标识符。

编码体系修饰词及其用法:URI,DOI,ISBN,ISSN

规范文档:URI,DOI,ISBN,ISSN

必备性:可选

可重复性:可重复

著录范例:

> 包含于:纳米网络粒子的结构研究(博士论文是国家自然科学基金项目纳米网络粒子的结构设计及原位形成课题的一部分)
>
> http://www.nsfc.gov.cn/nsfc/cen/nami/htm/59973004.htm(编码体系 = URI)

5.12.3 其他版本

名称:has version

标签:其他版本

定义:所描述的学位论文有其他版本或者有节略版。

元素修饰词的著录内容:著录后续版本资源的题名与唯一标识符。

编码体系修饰词及其用法:URI,DOI,ISBN,ISSN

规范文档:URI,DOI,ISBN,ISSN

必备性:可选

可重复性:可重复

著录范例:

> 其他版本:法典编纂论:一个比较法的视角(由博士论文编辑出版的图书)
>
> 7 - 302 - 05909 - 8(编码体系 = ISBN)

5.12.4 原版本

名称:is version of

标签:原版本

定义:说明另一资源是所描述学位论文资源的原版本。

元素修饰词的著录内容:著录版本继承资源的题名与唯一标识符。

编码体系修饰词及其用法:URI,DOI,ISBN,ISSN

规范文档:URI,DOI,ISBN,ISSN

必备性:可选

可重复性:可重复

著录范例:

> 原版本:低熵匹配块运动估计算法及硬件结构研究(是博士论文的原版本)
>
> urn:calis:7805998765(编码体系 = DOI)

5.12.5 参照

名称：references

标签：参照

定义：所描述的学位论文参考、引用或者指向了另一资源。

元素修饰词的著录内容：著录被关联资源的题名与唯一标识符，或者是如著录文后参考文献，推荐参照文后参考文献著录规则(GB/T 7714—2005)著录。

编码体系修饰词及其用法：URI，DOI，ISBN，ISSN

规范文档：URI，DOI，ISBN，ISSN

必备性：可选

可重复性：可重复

著录范例：

例1 参照：

[1] 王道洪，郄秀书，郭昌明.雷电与人工引雷[M].上海：上海交通大学出版社，2000：1—2

[2] 张义军，陶善昌，马明.雷电灾害[M].北京：气象出版社，2009：36—37

[3] 许小峰.雷电灾害与监测预报[J].气象，2004，30(12)：17—21

[4] 赵阿兴.城市雷电灾害与保险[J].中国保险，2003(7)：58—59

[5] 梅贞，陈水明，顾勤炜，等.1998~2004年全国雷电灾害事故统计[J].高电压技术，2007，33(12)：173—176

[6] 许小峰.国家雷电监测网的建设与技术分析[J].中国工程科学，2002，5(5)：7—13

[7] 张翔宇.对城市雷电灾害的认识与防护[J].灾害学，2005，20(3)：65—67

......

例2 参照：

Quantitative monitoring of gene-expression patterns with a complementary-DNA microarray（学位论文引用的一篇外文期刊论文）

DOI：10.1126/science.270.5235.467（编码体系＝DOI）

5.12.6 被参照

名称：is referenced by

标签：被参照

定义：所描述的学位论文被某一资源参考、引用或者指向。

元素修饰词的著录内容：著录被关联资源的题名与唯一标识符。

58

编码体系修饰词及其用法:URI,DOI,ISBN,ISSN

规范文档:URI,DOI,ISBN,ISSN

可重复性:可重复

著示范例:

被参照:合纳米二氧化硅在生物医药方面的应用研究进展(学位论文被该篇期刊论文参照)

http://d. wanfangdata. com. cn/Periodical_gdhg201012027. aspx(编码体系 = URI)

5.12.7　附加资源关联

名称:relation addition resource

标签:附加资源关联

定义:与学位论文相关的附加资源。

元素修饰词的著录内容:著录相关的附加资源的题名与唯一标识符。

编码体系修饰词及其用法:URI,DOI,ISBN,ISSN

规范文档:URI,DOI,ISBN,ISSN

可重复性:可重复

著录范例:

附加资源关联:SDH 设备时钟实现演示程序(学位论文内容的附件)

urn:calis:7805909199(编码体系 = DOI)

5.13　权限

名称:rights

标签:权限

定义:学位论文所有者的权利信息,授权使用的信息和约束。

元素的著录内容:通常著录有关学位论文权限的声明,或者指学位论文提供服务的授权范围和声明。

注释:通常指有关学位论文的著作权和版权的声明,或者指学位论文提供服务的授权范围和声明。学位论文的权限包括著作权和版权。如果没有权限声明,则不能对权限管理做任何假设。

元素修饰词:权限声明、保密级别

必备性:有则必备

可重复性:可重复

著录范例:

　　　　例1　权限:论文全文仅限校园网范围浏览

　　　　例2　权限:论文全文提供开放获取

5.13.1　权限声明

名称:rights statement

标签:权限声明

定义:学位论文权限的文字声明。

元素修饰词的著录内容:著录学位论文权限的文字声明内容。

必备性:有则必备

可重复性:可重复

著录范例:

　　　　例1　权限声明:本人完全了解清华大学有关保留、使用学位论文的规定,即学校有
　　　　　　　　权保留送交论文的复印件,允许论文被查阅和借阅;学校可以公布
　　　　　　　　论文的全部或部分内容,可以采用影印、缩印或其他复制手段保存
　　　　　　　　论文。

　　　　例2　权限声明:未经论文作者授权,不得将本论文转借他人并复印、抄录、拍照或以
　　　　　　　　任何方式传播。

　　　　例3　权限声明:从2005年起可复印论文的30%,从2008年起可全文复印。

5.13.2　保密级别

名称:security classfication

标签:保密级别

定义:学位论文的保密级别。

元素修饰词的著录内容:一般包括公开、秘密、机密、绝密等级别。

注释:对保密论文,有解密期限的论文将解密期限著录在括号中,未注明解密期限的学位
　　　论文,根据国家保密规定的年限自动解密。

必备性:有则必备

可重复性:不可重复

著录范例:

　　　　例1　保密级别:公开

　　　　例2　保密级别:秘密(2012年公开)

5.14　时空范围

名称:coverage

标签:时空范围

定义:学位论文资源所涉及的空间或时间主题,即资源所适用的空间或资源所辖的范围。

元素的著录内容:著录学位论文内容所涉及的时空范围。

注释:时空范围一般包括空间位置(一个地名或地理坐标)、时间区间(一个时间标签,日期或一个日期范围)或者行政辖区的范围(比如指定的一个行政实体)。推荐时空范围最好是取自于一个受控词表(例如地理名称叙词表[TGN]),并应尽可能地使用由数字表示的坐标或日期区间来描述地名与时间段。

元素修饰词:空间范围、时间范围

必备性:可选

可重复性:可重复

5.14.1 空间范围

名称:spatial

标签:空间范围

定义:所描述学位论文资源知识内容的空间特征。

元素修饰词的著录内容:著录所描述学位论文资源知识内容的空间特征。

注释:建议地点的表达采用受控的词汇。

编码体系修饰词及其用法:point,ISO3166,TGN

规范文档:Point,ISO 3166,TGN

必备性:可选

可重复性:可重复

著录范例:

例1　空间范围:name = Perth, W. A.;east = 115.85717;north = −31.95301(编码体系 = Point)

例2　空间范围:name = Paris;east = 2.20;north = −48.52(编码体系 = Point)

5.14.2 时间范围

名称:temporal

标签:时间范围

定义:所描述学位论文资源知识内容的时间特征。

元素修饰词的著录内容:著录所描述学位论文资源知识内容的时间特征。

注释:建议时间的表达采用受控的词汇。

编码体系修饰词及其用法:period,W3CDTF

必备性:可选

可重复性:可重复

著录范例:

　　　例1　时间范围:name＝第一次世界大战;start:1914;end:1918(编码体系＝DCMI
　　　　　　Period)

　　　例2　时间范围:name＝The Great Depression;start＝1929;end＝1939(编码体系＝
　　　　　　DCMI Period)

5.15　学位

名称:degree

标签:学位

定义:依据学位论文内容获得的学位信息。

元素的著录内容:著录作者依据所描述论文所获得的学位信息。

注释:当学位元素完全可以用其包含的元素修饰词来描述时,该元素值可以为空。

元素修饰词:学科专业,学位授予单位,学位名称,学位级别

编码体系修饰词及其用法:学位名称与代码,学科/专业目录

规范文档:学位名称与代码,学科/专业目录

必备性:有则必备

可重复性:不可重复

著录范例:

　　　学位:获得理学博士学位期间同时获得管理学硕士学位

5.15.1　学科专业

名称:discipline

标签:学科专业

定义:学位授权的学科专业。

元素修饰词的著录内容:可用于教育管理机构对特定学位授权的学科专业论文进行分类
　　　统计以及关于资源内容的导航。学科通常用三级方式表示:学科门类、一级学科、二
　　　级学科。

编码体系修饰词及其用法:学科/专业目录

规范文档:学科/专业目录

必备性:有则必备

可重复性:可重复

著录范例:

例1 学科专业:理学—数学—基础数学

例2 学科专业:工学—机械工程—机械制造及其自动化

例3 学科专业:工学—力学—流体力学

5.15.2 学位授予单位

名称:grantor

标签:学位授予单位

定义:授予学位的机构。

元素修饰词的著录内容:著录经国务院批准,由国务院学位委员会下达的、有学位授予权
单位的正式名称。高等学校一律以校为学位授予单位。中国科学院以及中国社会
科学院以研究生院为学位授予单位。国务院各部委所属科研机构一般以研究院为
学位授予单位。港澳台地区学位授予单位名称后应加注地区名称。

必备性:有则必备

可重复性:可重复

著录范例:

例1 学位授予单位:清华大学

例2 学位授予单位:中国社会科学院研究生院

例3 学位授予单位:交通大学(台湾省)

5.15.3 学位名称

名称:degree name

标签:学位名称

定义:授予的学位名称。

元素修饰词的著录内容:无

注释:学位授予单位依据所描述的学位论文授予的学位名称。

编码体系修饰词及其用法:学位名称代码

规范文档:学位名称代码

必备性:有则必备

可重复性:可重复

著录范例:

例1 学位名称:工学硕士学位

例2 学位名称:教育学博士学位

例3 学位名称:医学博士学位

5.15.4 学位级别

名称:degree level

标签:学位级别

定义:学位论文作者获得的学位级别。

元素修饰词的著录内容:一般为学士、硕士或博士。

必备性:有则必备

可重复性:可重复

著录范例:

  例1 学位级别:硕士

  例2 学位级别:博士

5.16 馆藏信息

名称:location

标签:馆藏信息

定义:用以标识以物理形式存在的学位论文的可获取位置。

元素的著录内容:著录纸本、光盘版或者其他载体形式的学位论文所在的馆藏地点。

注释:用来标识纸本、光盘版或者其他载体形式的学位论文的馆藏地点。

元素修饰词:典藏号

必备性:有则必备

可重复性:可重复

著录范例:

  馆藏信息:清华大学图书馆特藏阅览室

典藏号

名称:call number

标签:典藏号

定义:为了检索和排架的需要给予物理形式存在的学位论文的一个特定号码。

必备性:有则必备

可重复性:可重复

著录范例:

  典藏号:D－2003－020105－001

第三部分　国家图书馆学位论文元数据规范著录样例

1 多名指导教师的学位论文样例

元素	元素修饰词	著录内容	规范文档
题名		蒙古国育才中学七年级汉语综合课教学模式和设计研究	
	其他题名	A Research on the Chinese Integrated Curriculum Teaching Model and Design of the Seventh Grade of Mongolia Yucai Secondary School	
作者		宗琛	
	作者单位	吉林大学	
主题		对外汉语教学;育才中学七年级;教学模式和设计	
描述			
	目次		
	文摘	育才中学是蒙古国以汉语教学为主的规模较大的私立学校。为了培养出优秀的汉语学习者,减轻学生学习汉语的难度和提供适宜的汉语学习环境,育才中文中学从学前班开始,历经小学、初中和高中都进行汉蒙双语教学,并且逐级提升汉语教学和学习的比重。在全球化进程中,随着"汉语热"的兴起,蒙古国也积极投入到学习汉语的浪潮中并不断地摸索行之有效的汉语教学方法和汉语教学的模式设计。在这种形势下,育才中文中学也形成了自己独特的汉语教学模式和理念:根据大脑的可塑性,在学前班阶段即设置汉语学习课	

元素	元素修饰词	著录内容	规范文档
		程,使教学对象及早进入语言的关键期并适时使之经历语言的关键期,以便于将汉语母语化;最大限度地制造规范的汉语环境,让学生们长时间、高强度并且在有意识和无意识状态下接触汉语;随着学生年龄增长不断地将汉语教学和学习从初级阶段的趣味性、知识性的融合向深层次的中国语言文化综合学习拓展,以切实提高学生们的汉语水平和综合运用能力。育才中学七年级是该校所有年级中汉语课程最多、汉语学习量最大、教学任务最重,也是校方最关注的并且教学监管最严格的年级,而综合课又是所有课型中教学比重最大、最重要的知识密集……	
	文摘	A Research on the Chinese Integrated Curriculum Teaching Model and Design of the Seventh Grade of Mongolia Yucai Secondary SchoolYucai Secondary School is one of the larger private schools in Mongolia, mainlyin Chinese language teaching. In order to cultivate outstanding Chinese learners, reduce the difficulty of students in learning Chinese, and provide a suitable Chinese-learning environment, the Yucai Chinese Secondary School implementHan-Mongolian bilingual education from preschool through elem…	
	研究方向	汉语国际教育	
导师		刘富华	
	导师单位	吉林大学	
导师		刘春明	
	导师单位	吉林大学	
日期			
	答辩日期	2012－05	W3C－DTF
类型		学位论文	
格式		Application/pdf	IMT
	文件大小	279KB	
	页码	127	

元素	元素修饰词	著录内容	规范文档
标识符		http://www.cnki.net/kcms/detail/detail.aspx? dbcode = CMFD& QueryID = 7&CurRec = 175&dbname = CMFDTEMP&filename = 1012359391. nh&uid = WEEvREcwSlJHSldTTGJhYlRjZis1R1FrL3V 4bUltVDlTTG45Snp1cm5KM1dtdjVRVzlYbEhbFpHUDA0MXJUV A = =	URI
语种		chi	ISO 639—2
关联			
	参照	[1] 陈宏,吴勇毅.对外汉语教学课堂教案设计[M].北京:华语教学出版社,2004. [2] 北京语言大学教师.对外汉语综合课优秀教案集[M].北京:语言大学,2010. [3] 崔希亮.对外汉语综合课课堂教学研究[M].北京:语言大学,2010. [4] 崔永华,杨寄洲.对外汉语课堂教学技巧[M].北京语言大学出版社,1997. [5] 何克抗等.教学系统设计[M].北京:师范大学出版社,2002. [6] 加涅等.学习的条件和教学论[M].上海:华东师范大学出版社,1999. [7] 蒋长好.教育心理学[M].武汉:华中师范大学出版社,2011. [8] 李晓琪.对外汉语综合课教学研究[M].北京:商务印书馆,2006. [9] 刘珣.对外汉语教育学引论[M].北京:语言文化大学出版社,2000. [10] 彭小川.汉语作为外语教学的认知理论研究[M].话语教育出版,2000. [11] 潘菽.教育心理学[M].北京:人民教育出版社,2001. [12] 程棠.对外汉语教学目的、原则、方法[M].北京:语言大学,2008. [13] 徐英俊.教学设计[M].北京:教育科学出版社,2001. ……	

续表

元素	元素修饰词	著录内容	规范文档
权限			
	权限声明	未经本论文作者的书面授权,依法收存和保管本论文书面版本、电子版本的任何单位和个人,均不得对本论文的全部或部分内容进行任何形式的复制、修改、发行、出租、改编等有碍作者著作权的商业性使用(但纯学术性使用不在此限)。否则,应承担侵权的法律责任。	
	保密级别	公开	
学位			
	学位授予单位	吉林大学	
	学位级别	硕士	

2 正文为外文的学位论文样例

元素	元素修饰词	著录内容	规范文档
题名		钢筋混凝土梁使用寿命预测中锈蚀作用的影响	
	其他题名	Effect of Corrosion in Predicting the Service-Life of Reinforced Concrete Beams	
作者		Victor S. Kamara	
	作者单位	清华大学土木工程系	
主题		钢筋混凝土梁;混凝土锯齿;锈蚀;裂缝宽度;界面约束;临界弯;使用寿命;Reinforced Concrete Beam;Concrete Teeth;Corrosion;Crack Widths;Interface bond;Bending Moment;Service-life	
描述			
	目次	CHAPTER ONE—INTRODUCTION 1.1 Overview ……………………………………… 1 1.2 Durability o Engineering Structures …………… 3 1.2.1 Background ……………………………… 3 1.2.2 Several Points on Structural Durability ………… 5 1.2.3 Loss of Durability of Reinforced Concrete Structures …………………………………………… 6 1.2.4 Factors Influencing Loss of Durability ………… 9 1.2.5 Solution and Options …………… 10	

元素	元素修饰词	著录内容	规范文档
	文摘	人类不断增长的革新与创造给科学和技术带来了许多创新，这便给世界经济带来了无数的变化，并给全世界范围内人类的生活方式和生活基础带来了巨大的发展。大多数国家，尤其是在快速发展的国家，其财富的 50% 左右都投入到基础设施和环境设施的建设上而大大加速了建筑工业的发展。但是因为近来大量固体、液体和气体等形态污染物排放量的增加，导致这些有毒成分透过混凝土而侵入到结构内部对其钢筋进行锈蚀，这样大大地影响到了许多精心设计的钢筋混凝土结构的耐久性、适用性和生命周期。这使得许多国家不得不提高其国家财富的占有比例来对这些早熟的混凝土构筑物进行监测、修理、维护和改造。 在对一个锈蚀钢筋混凝土梁的生命周期预测的过程中，本文的研究工作将重点尤其放在了钢筋锈蚀与静荷载的相互作用以及基于裂缝开展的受荷混凝土梁从梁拱现象到纯拱现象的变化过程上。为了完成此工作，文中采用了以下的方法……	

续表

元素	元素修饰词	著录内容	规范文档
	文摘	The growing rise in human innovation and creativity has given rise to advancements in Science and Technology. This in turn has brought about tremendous changes in the world's economy and a dramatic development in human life style and infrastructures worldwide. About 50% of most countries wealth, especially fast developing ones, goes to infrastructures and built environment giving rise to a boom in the construction industry. But because of the growing increase in the release of solid, liquid and gaseous toxic pollutants in recent years, has among others, caused the ingress of these toxic agents to steel reinforcement through the concrete resulting to reinforcement corrosion that greatly hindered the durability, serviceability and life-span of even the most detailed designed reinforced concrete structures. This has given rise to the use of high percentage of individual countries national wealth in the inspection, repairs, maintenance and remediation of these premature aging concrete structures. In the analyses of the service-life prediction process of a corroded reinforced beam, this research work have given special emphases on the interaction of reinforcement corrosion with static loading and the behavior of loaded corroded beam from the beam-arch to pure arch stages based on crack propagation. In achieving this, the…	
导师		刘西拉	
	导师单位	清华大学土木工程系	
日期			
	答辩日期	2002 – 09 – 14	W3C – DTF
	提交日期	2002 – 09 – 23	W3C – DTF
	全文可获得日期	2005 – 10 – 22	W3C – DTF
类型		学位论文	
格式		Application/pdf	IMT

元素	元素修饰词	著录内容	规范文档
	文件大小	125MB	
	页码	206	
标识符		http://etd.lib.tsinghua.edu.cn:8001/xwlw/detail_xwlw.jsp? searchword = TITLE _ CN + % 3D + % B8% D6% BD% EE% BB% EC% C4% FD% CD% C1% C1% BA% CA% B9% D3% C3% CA% D9% C3% FC% D4% A4% B2% E2% D6% D0% D0% E2% CA% B4% D7% F7% D3% C3% B5% C4% D3% B0% CF% EC + OR + TITLE _ EN% 3D + % B8% D6% BD% EE% BB% EC% C4% FD% CD% C1% C1% BA% CA% B9% D3% C3% CA% D9% C3% FC% D4% A4% B2% E2% D6% D0% D0% E2% CA% B4% D7% F7% D3% C3% B5% C4% D3% B0% CF% EC&singlesearch = no&channelid = 65004&record = 1	URI
语种		eng	ISO 639—2
关联			
	参照	[1] Schiessl, P. (1986). Zur Frage der zulaessigen Rissbreite und der erforderlichen Beton-deckung im Stahlbetonbau unter besonderer Beruecksichtigung der Karbonatisierungstiefe des Betons, Vol. 255, Ernst and Sohn, Berlin. [2] Schiessl, P. (1988). "Corrosion of Steel in Concrete" RILEM Rep., Chapman &Hall, London. [3] Okada, K., Miyagawa, T, (1980), "Chloride corrosion of reinforcing steel in cracked concrete, performance of concrete in marine environment." ACI SP – 65, CHAPTER THREE-82-American Concrete Institute, Detroit, 237 – 254. [4] Arya, C., Ofori-Darko, F. K. (1996). "Influence of crack frequency on reinforcement corrosion in concrete." Cement and Concrete Res., 26(3),345 – 353 [5] Schiessl, P., and Raupach, M. (1997). "Laboratory studies and calculations on the influence of crack on chloride-induce corrosion of steel in concrete." ACI Mat. J., 94(1), 56 – 61. [6] ACI Committee 224, (1980). "ACI Journal Proceedings, 1980 revisions." ACI Mat. J., 87, 419.	

续表

元素	元素修饰词	著录内容	规范文档
		［7］British Standards Institute（BSI），（1992）. Eurocode 2：Part 1，London. ［8］Comite Euro-International du Beton（CEB）（1989）. "Durable Concrete Structure." Bulletin d' information no. 182，design guide，2nd Ed.，Paris. ［9］Japan Society of Civil Engineers（JSCE），（1986），Standard Specification for design and construction of structures：Part 1（design），Tokyo. ［10］Goto，Y.（1971）. "Cracks formed in concrete around deformed tension bars." J. Am. Concrete Inst.，68，244－251. ［11］Thomas，K.，Burney-Nicol，S.，"Survey of the corrosion of steel reinforcement in the tropics"，RILEM Bulletin，No. 24，Paris，September 1964，pp. 47－50. ［12］Christopher K. Y. Leung，（2001）"Modeling of Concrete Cracking Induced by Steel Expansion"，Journal of Materials in Civil Engineering，Vol. 13，No. 3，May/June. ［13］Niu Di Tao et al（2000）"Predetermination Model of Steel Corrosion Extent in Reinforced Concrete Structures Before Corrosion Crack." Construction and Industrial Journal，Aug. 2000，No. 8 pp. 8－10（in Chinese）…	
权限			
	权限声明	本人完全了解清华大学有关保留、使用学位论文的规定，即：学校有权保留送交论文的复印件，允许论文被查阅和借阅；学校可以公布论文的全部或部分内容，可以采用影印、缩印或其他复制手段保存论文……	
	保密级别	公开	
学位			
	学科专业	工学—土木工程—结构工程	学科/专业目录
	学位授予单位	清华大学	
	学位级别	工学博士	学位名称代码
馆藏信息		清华大学图书馆特藏室	
	典藏号	01024020	

74

3 工学博士学位论文样例

元素	元素修饰词	著录内容	规范文档
题名		碳纳米管压制体的性能及工程应用的研究	
	其他题名	Study on the Properties and Engineering Applications of Block-type Carbon Nanotubes	
作者		马仁志	
	作者单位	清华大学机械工程系	
主题		碳纳米管;多孔材料;电化学电容器;陶瓷基复合材料	汉语主题词表
描述			
	目次		
	文摘	碳纳米管是一种新型的纳米材料。它具有中空的管状结构、独特的电学性能和优异的力学性能。因此碳纳米管在复合材料或功能材料领域具有广阔的应用前景。本文系统研究制备碳纳米管宏观压制体的工艺方法,并对压制体的潜在应用,特别是在电化学电容器领域的应用进行了深入研究。以	

元素	元素修饰词	著录内容	规范文档
		催化裂解法制备的碳纳米管为原料,采用高温热压工艺和碳纳米管与酚醛黏结剂混合压制工艺,分别制备出多孔的高温压制体和碳纳米管/酚醛压制体。压制体的成功制备为研究碳纳米管的宏观性质和探索其作为工程材料的应用奠定了基础。测定了碳纳米管高温压制体的电阻特性。结果表明,碳纳米管高温压制体的室温电阻率在 $10-4\ \Omega \cdot cm$ 量级,随着温度的降低,碳纳米管高温压制体的电阻平缓增大。在高温压制体上进行的场发射实验证明,碳纳米管具有良好的场发射特性。研究结果表明,碳纳米管……	
	文摘	Carbon nanotubes (CNTs), a newly introduced nanomaterial, possess hollow-core tubular structure, unique electric properties and excellent mechanical properties. It has been predicted to have many potential uses in many fields such as composites or functional materials. The dissertation systematically investigates on the processes to fabricate block-type carbon nanotubes and studies particularly on the potential applications, especially in the area of electrochemical capacitor. Carbon nanotubes here used were prepared by catalytic pyrolysis method. Two kinds of porous block-type CNTs have been developed by hot pressing or bycarbonization of cured mixtures of CNTs and phenol-formalde-hyde resin. The development of the entities paves the way to measure the macroscopic properties of carbon nanotubes and probe the applications as engineering materials. The electric property of hot-pressed CNTs has been measured. The room temperature resistivity is in the magnitude order of $10-4\ \Omega \cdot cm$, and the resistance increases with decreasing temperature. The field emission experiment carried on...	
	成果目录	发表论文: 1)Ma R. Z. , Wu J. , Wei B. Q. , et al. . Processing and properties of carbon nanotubes/nano-SiC ceramic. Journal of Materials Science, 1998, 33: 5243 ~ 5246	

元素	元素修饰词	著录内容	规范文档
		2）Ma R. Z. , Xu C. L. , Wei B. Q. , et al.. Electrical conductivity and field emission characteristics of hot-pressed carbon nanotubes. Materials Research Bulletin,1999,34(5):741～747 3）Ma R. Z. , Liang J. , Wei B. Q. , et al.. Study of electrochemical capacitors utilizing carbon nanotube electrodes. Journal of Power Sources, 1999, 84(1):126～129 4）Ma R. Z. , Liang J. , Wei B. Q. , et al.. Processing and performance of electrical double-layer capacitors with carbon nanotube block-type electrodes. Bulletin of Chemical Society of Japan, 1999, 72(11):2563～2566 5）Ma R. Z. , Wei B. Q. , Xu C. L. , et al.. The morphology changes of carbon nanotubes under laser irradiation. Carbon, 2000, 38(4)(in press)	
	相关文献附注	本论文附有一套实验数据	
	资助	国家自然科学基金资助项目	
	研究方向	纳米（材料加工工程）	
导师		吴德海	
	导师单位	清华大学机械工程系	
导师		魏秉庆	
	导师单位	清华大学机械工程系	
日期			
	答辩日期	2000－03－28	W3C－DTF
	学位授予日期	2000－07－05	W3C－DTF
	全文可获得日期	2007－11－28	W3C－DTF
类型		学位论文	
格式		Application/pdf	IMT
	文件大小	7800MB	
	页码	101	
标识符		http://etd. lib. tsinghua. edu. cn:8001/xwlw/detail_xwlw. jsp? searchword ＝ AUTHOR% 3D% C2% ED% C8% CA% D6% BE&singlesearch ＝ no&channelid ＝ 65004&record ＝ 1	URI

续表

元素	元素修饰词	著录内容	规范文档
语种		chi	ISO 639—2
关联			
	包含	Ma R. Z. , Wei B. Q. , Liang J. , et al. . Some potential applications of hot-pressed carbon nanotubes. In：Jiang Zhuangde, eds. Proceedings of 1999 International Conference on Advanced Manufacture Technology. New York：Science Press New York, Ltd, 1999. 1137～1140 （学位论文包含作者的一篇会议论文）	
	参照	1 Iijima S. . Helical microtubules of graphitic carbon. Nature, 1991, 354:56～58 2 Iijima S. . Growth of carbon nanotube. Materials Science and Engieering B,1993, 19：172～180 3 Ebbesen T. W. , Lezec H. J. , Hiura H. , et al. . Electrical conductivity of individual carbon nanotubes. Nature, 1996, 382：54～56 4 Murakami Y. , Shibata T. , Okuyama K. , et al. . Structural , magnetic and superconducting properties of graphite nanotubes and their encapsulation compounds. J. Phys. Chem. Solids, 1993, 54(12):1861～1870 5 Colbert D. T. , Zhang J. , McClure S. M. , et al. . Growth and sintering of fullerene nanotubes. Science,1994,266:1218～1272 6 Iijima S. , Ichihashi T. , Ando Y. . Pentagons, heptagons and negative curvature in graphite microtubule growth. Nature, 1992, 356：776 7 Hamada N. , Sawada S. , Oshiyama A. . New one-dimensional conductors：graphitic micro-tubules. Phys. Rev. Lett. , 1992, 68(10)：1519～1522 8 Seshadri R. , Govindaraj A. , Aiyer H. N. . Investigations of carbon nanotubes. Current Science, 1994, 66(11)：839～847 9 Ajayan P. M. , Carbon nanotubes：Novel architecture in nanometer space. Progress in Crystal Growth and Characterization of Materials, 1993,34(1－4)：37～51.	

78

元素	元素修饰词	著录内容	规范文档
		10 Dresselhaus M. S. , Dresselhaus G. , Saito R. . C60 related tu-bules. Solid State Communications. 1992,84(1 - 2):201 ~ 205. 11 Treacy M. M. J. , Ebbesen T. W. , Gibson J. M. . Exceptionally high youngs modulus observed for individual carbon nanotubes. Nature, 1996, 381:678 ~ 680 12 Ebbesen T. W. , Ajayan P. M. . Large-scale sythesis of carbon nanotube. Nature, 1992, 358: 220 ~ 222 13 Kroto H. W. , Heath J. R. , O' Brien S. C, et. al. . C60: Buckminsterfullerene. Nature, 1985, 318: 162 ~ 163 ……	
	被参照	贾志杰,马仁志,梁吉,等.裂解温度、裂解时间和原料气流量对 CVD 法生产碳纳米管的影响.新型碳材料,1998,13(6):22 ~ 26(学位论文被该篇期刊论文参照)	
	附加资源关联	本论文附有一套实验数据(学位论文内容的附件) urn:calis:78099002(编码体系 = DOI)	
权限			
	权限声明	本人完全了解清华大学有关保留、使用学位论文的规定,即:清华大学拥有在著作权法规定范围内学位论文的使用权,其中包括:(1)已获学位的研究生必须按学校规定提交学位论文,学校可以采用影印、缩印或其他复制手段保存研究生上交的学位论文;(2)为教学和科研目的,学校可以将公开的学位论文作为资料在图书馆、资料室等场所供校内师生阅读,或在校园网上供校内师生浏览部分内容;(3)根据《中华人民共和国学位条例暂行实施办法》,向国家图书馆报送可以公开的学位论文。本人保证遵守上述规定。	
	保密级别	公开	
学位			
	学科专业	工学—材料科学与工程—材料加工工程	学科/专业目录
	学位授予单位	清华大学	
	学位名称	工学博士	学位名称代码
	学位级别	博士	
馆藏信息		清华大学图书馆特藏阅览室	
	典藏号	00012039	

4 历史学硕士学位论文样例

元素	元素修饰词	著录内容	规范文档
题名		章士钊《调和立国论》再研究	
	其他题名	Another Study Of Zhang Shizhao's Tiaoheliguolun	
作者		郑英春	
	作者单位	清华大学人文学院	
主题		调和论;《调和立国论》;章士钊;《甲寅》;idea of compromise;tiaoheliguolun;Zhang Shizhao;Jiayin	
描述			
	目次		
	文摘	《调和立国论》是章士钊发表在《甲寅》月刊上的一篇重要文章,以它为名的调和论是中国近代政治思想史的重要理论,对此后的五四运动和中国政治思想都有重要意义。近年来调和论越来越得到学界的关注,但是相关的研究还存在不足,特别是对《调和立国论》的解释不太准确,本文即尝试重新理解和评估其对象、内涵和意义。 本文第一章证明《调和立国论》针对丁佛言等进步党人的调和言论而发。第一次世界大战爆发后,中国面临新的国际局势,日本以对德宣战为由侵占胶州湾。在此时刻,国内的进步党提出调和的政治主张,希望国民党人停止革命行动,维护国家的基本利益。二次革命失败后,流亡东京的革命党人	

元素	元素修饰词	著录内容	规范文档
		在革命的方略等问题上产生了分歧,发生了分裂。以孙中山为首的革命党人主张发动三次革命,组成中华革命党。以黄兴为首的部分温和派革命党人力主缓进,待机而动,这些温和派人士在世界大战爆发后组成欧事研究会,其部分成员也赞同暂时中止革命。章士钊此时加入了欧事研究会,并主办机关报《甲寅》杂志,他针对上述调和论,发表了《调和立国论》。 本文第二章重新解读《调和立国论》的内涵,揭示此文内容基本围绕调和论而展开。章士钊论证调和论是可行的政治原则,然而他认为丁佛言等人的调和观念是错误的,因而他以近代政治观念重新解释了调和论。这实际是要求在国内有两个势均力敌的政治势力,至少有强有力的反对党,从而建立真正的宪政。借此章士钊和丁佛言等人的调和论划清了界限……	
	文摘	Tiaohelun (idea of compromise), a significant idea in Chinese modern political thought named after tiaoheliguolun, an important article on jiayin by Zhang Shizhao the editor-in-chief of the very periodical, had great influence on the May Fourth Movement and throughout the whole modern Chinese history. Resent years it has attracted many scholars' attention, while there still exists some defects in thesis connected with this topic, especially in the understanding and interpreting of the article tiaoheliguolun. So this dissertation tries to reveal its opponent and to reinterpreting its meaning and to revalue its significance. The first chapter demonstrates that it is not Yuan Shikai but Ding Foyan and other members of progress party and some other members from Kuomintang and their opinions on compromise did tiaoheliguolun aim at. Soon after the broke of World War I, China had to face a new but hazard international situation that Japan invaded on Tsingdao in Shandong province in name of declaring war on Germany.	

元素	元素修饰词	著录内容	规范文档
		At that time , Ding Foyan , a progress party member and editor-in-chief of the Dazhonghua published a article in September putting forword with a proposal that the KMT stop the revolution against Yuan's administration. While the KMT members exiled in Tokyo divided into two sides , one part of moderate members headed by Huang Xing ,who organized an association called European Problems Seminar , claimed to act in prudence and in fact approved of suspending rebellion against Yuan. As a member of the association of European Problems and the editor-in-chief of Jiayin , the propaganda organ of E. P. S. , Zhang published his tiaoheliguolun in allusion to these opinions about compromise policy …	
导师		蔡乐苏	
	导师单位	清华大学人文学院	
日期			
	答辩日期	2004 – 06 – 05	W3C – DTF
	提交日期	2004 – 06 – 25	W3C – DTF
	全文可获得日期	2008 – 11 – 12	W3C – DTF
类型		学位论文	
格式		Application/pdf	IMT
	文件大小	87KB	
	页码	69	
标识符		http://etd. lib. tsinghua. edu. cn:8001/xwlw/detail_xwlw. jsp? searchword = TITLE _ CN + % 3D + % D5% C2% CA% BF% EE% C8% A1% B6% B5% F7% BA% CD% C1% A2% B9% FA% C2% DB% A1% B7% D4% D9% D1% D0% BE% BF + OR + TITLE_EN% 3D + % D5% C2% CA% BF% EE% C8% A1% B6% B5% F7% BA% CD% C1% A2% B9% FA% C2% DB% A1% B7% D4% D9% D1% D0% BE% BF&singlesearch = no&channelid = 65004&record = 1	URI

元素	元素修饰词	著录内容	规范文档
标识符		http://www. cnki. net/kcms/detail/detail. aspx？ dbcode ＝ CMFD&QueryID ＝ 3&CurRec ＝ 1&dbname ＝ CMFD9908& filename ＝ 2005035770. nh&uid ＝ WEEvREcwSlJHSldTTGJh YkhRNjllL09jRlkxMThjZDZ2ZHQxM3QzZExzcVhWWHVVVlV yejQ3Q29TdHlzVFFqVA ＝ ＝	URI
语种		chi	ISO 639—2
关联			
	参照	[1] 程潜:《护国之役前后回忆》,中国人民政治协商会议全国委员会文史资料研究委员会编:《文史资料选辑》第48辑,1964年版。 [2] 丁佛言:《现形势对于进步党之要求》,《中华》,1914年第九号。 [3] 黄远庸:《致〈甲寅杂志〉记者》,《远生遗著》第4卷,商务印书馆,1984年版。 [4] 湖南省社科院编:《黄兴集》,中华书局,1981年版。 [5] 梁启超:《政治上之对抗力》,《庸言》,第1卷第3号。 [6] 罗福惠、萧怡编:《居正文集》,华中师范大学出版社,1989年版。 [7] 薛君度等编:《黄兴未刊电稿 》,湖南人民出版社,1983年版。 [8] 杨昌济:《达化斋日记》,湖南人民出版社,1978年版。 [9] 章含之、白吉庵主编:《章士钊全集》,北京文汇出版社,2000年版。 [10] 张东荪:《心理学上之乱党观》,《中华》,1914年第九号。 [11] 中国社会科学院近代史研究所民国史研究室编:《孙中山全集》(第二卷),1982年版。 [12] 周元高、孟彭兴、舒颖云编:《李烈钧集》(上、下册),中华书局,1996年版。	
权限			

元素	元素修饰词	著录内容	规范文档
	权限声明	本人完全了解清华大学有关保留、使用学位论文的规定,即:学校有权保留学位论文的复印件,允许该论文被查阅和借阅;学校可以公布该论文的全部或部分内容,可以采用影印、缩印或其他复制手段保存该论文(涉密的学位论文在解密后应遵守此规定)……	
	保密级别	公开	
时空范围			
	时间范围	name=第一次世界大战;start:1914;end:1918	DCMI Period
学位			
	学位授予单位	清华大学	
	学位名称	历史学硕士	学位名称代码
	学位级别	硕士	
馆藏信息		清华大学特藏阅览室	
	典藏号	D00012-3	

5 有解密期限的学位论文样例

元素	元素修饰词	著录内容	规范文档
题名		高能电脉冲在 Inconel 690 合金丝生产中的基础应用研究	
	其他题名	Basic Investigation of High Energy ElectroPulses on Manufacture of Inconel 690 Alloy	
作者		林赟	
	作者单位	清华大学材料工程系	
主题		Inconel 690 合金;电脉冲处理;电脉冲拉拔;Inconel 690 alloy;electropusling treatment;electropulsing drawing	汉语主题词表
描述			
	目次	第1章 引言 ……………………………………… 1 1.1 课题背景及意义 …………………………… 1 1.2 文献综述 …………………………………… 2 1.2.1 高温合金概况 …………………………… 2 1.2.1.1 高温合金 ……………………………… 2	

元素	元素修饰词	著录内容	规范文档
	文摘	在本课题组自行研制的电脉冲拉拔设备基础上,研究了高能电脉冲处理和高能电脉冲拉拔工艺对变形 Inconel 690 镍基高温合金丝材的力学性能和微观结构的影响规律。研究发现:与常规热处理相比,高能电脉冲处理在较低的温度条件下(800℃)和较短的时间内(6s)迅速完成了再结晶过程,并获得了准单相的完全再结晶组织,其抗拉强度为 647MPa,延伸率达到 70% ;另外,高能电脉冲处理后的样品在 3.5% NaCl 溶液中晶界抗电化学腐蚀能力更强。研究结果表明:在热效应和非热效应的共同作用下,高能电脉冲极大程度地提高位错的攀移速度以及促进亚晶结构的形成,这使得高能电脉冲处理 Inconel 690 镍基合金丝材可在较低的温度下和较短的时间内获得晶粒细化的完全再结晶组织。研究发现:与常规拉拔相比,高能电脉冲拉拔明显降低合金的拔制力和提高合金的表面质量;同时还出现晶粒变形更均匀以及晶粒取向发生明显改变的现象。室温拉伸断口分析表明:高能电脉冲拉拔后样品断口的纤维区比例较大而剪切唇比例较小。研究结果表明:在"电子风"的作用下,高能电脉冲拉拔极大地加速位错的运动而提高合金的加工性能;另外,高能电脉冲改善合金的表面受力状态以及减小合金与模具接触面的摩擦,从而提高合金的表面质量。综上所述,高能电脉冲有效的改善 Inconel 690 合金的再结晶过程和拉拔性能……	

续表

元素	元素修饰词	著录内容	规范文档
	文摘	On the basis of the self-made electroplastic-drawing machine in the research group, the effects of the high-density electropulsing treatment (EPT) and electropulsing drawing (EPD) on the microstructure and the mechanical properties of the deformed Inconel 690 alloy wire are systematically investigated. The research discovers that compared with conventional heat treatment, EPT rapidly completes the recrystallization process of the Inconel 690 alloy at relatively low temperatures (800 oC). EPT succeeds in obtaining very fine microstructure of quasi-single-phase-recrystallized Inconel 690 alloy with a tensile strength of 647MPa and an elongation to failure of 70%. In addition, EPT increases the resistance to electrochemistry corrosion of grain boundaries of the Inconel 690 alloy in 3.5% NaCl solution, compared with that of conventional heat treatment. According to the experimental observations and analysis, EPT can both increases dislocation climbing speed and promotes the formation of subgrain substantially, due to the coupling of thermal and athermal effect. Such effect of EPT results in very fine microstructure of recrystallized Inconel 690 alloy at relatively low temperature in very short time. The research also reveals that compared with conventional drawing process, EPD reduces the drawing force and improves the surface quality of the Inconel 690 alloy. Furthermore, both more homogeneous deformation of grains and apparent change in the crystallographic misorientation take place during EPD. From the analysis of tensile facture, larger fraction of fiber areas and lower shear fraction of lip were characterized on the fracture morphology of Inconel 690 after EPD. According to the experimental observations and analysis, EPD tremendously accelerates the motion of dislocations for improving formability of the Inconel 690 alloy, with the aid of the electron wind force; In addition, electropulsing favorably improves the state of surface stress and reduces the friction between mould and alloy, which improves the surface quality of the Inconel 690 alloy. In sum, the high-density electropulsing greatly improves both the microstructure and formability of the Inconel 690 alloy...	

元素	元素修饰词	著录内容	规范文档
	相关文献附注	本论文附有一套实验数据	
导师		唐国翌	
	导师单位	清华大学材料工程系统	
日期			
	答辩日期	2010 – 06 – 10	W3C – DTF
	学位授予日期	2010 – 07 – 01	W3C – DTF
	提交日期	2010 – 06 – 12	W3C – DTF
	全文可获得日期	2010 – 11 – 12	W3C – DTF
类型		学位论文	
格式		Application/pdf	IMT
	文件大小	34MB	
	页码	65	
标识符		http://etd. lib. tsinghua. edu. cn:8001/xwlw/detail_xwlw. jsp? searchword = TITLE_CN + %3D + %B8%DF%C4%DC%B5% E7%C2%F6%B3%E5%D4%DAInconel + 690%BA%CF% BD%F0%CB%BF%C9%FA%B2%FA%D6%D0%B5% C4%BB%F9%B4%A1%D3%A6%D3%C3%D1%D0% BE%BF + OR + TITLE_EN%3D + %B8%DF%C4%DC% B5%E7%C2%F6%B3%E5%D4%DAInconel + 690%BA% CF%BD%F0%CB%BF%C9%FA%B2%FA%D6%D0% B5%C4%BB%F9%B4%A1%D3%A6%D3%C3%D1%D0% BE%BF&singlesearch = no&channelid = 65004&record = 1	URI
语种		chi	ISO 639—2
关联			
	参照	[1] 国家自然基金委战略报告. 金属材料科学. 北京:科学出版社,1995:156 [2] Sims CT. 高温合金. 赵杰,朱世杰,李晓刚,王富岗译. 大连:大连理工出版社,1992 [3] 郭建亭. 高温合金材料学(上册). 北京:科学出版社,2008:3 [4] 师昌绪,陆达,荣科. 中国高温合金四十年. 北京:中国科学技术出版社,1996:3~7	

元素	元素修饰词	著录内容	规范文档
		［5］仲增塘,师昌绪. 中国高温合金四十年发展历程. 北京:中国科学技术出版社,1996 ［6］Betteridge W, Shaw S W K. Development of superalloys. Mater. Sci. Technol. , 1987, 3: 682～694 ［7］Dardi L E, Dalal R P, Yaker C. Metallurgical Advancements in Investment Casting Technology. In: A1len S M, Pelloux R M, Widmer R, ed. Advanced High-Temperature Alloys: Processing and Properties, ASM, Ohio, 1985: 25 ［8］Stephens J R, Dreshfield R L, Nathal M V. In: Tien J K, Reichman S, ed. Refractory Alloying Elements in Superalloys, ASM Press, Metals Park, OH, 1984: 31～42 ……	
权限			
	权限声明	本人完全了解清华大学有关保留、使用学位论文的规定,即:清华大学拥有在著作权法规定范围内学位论文的使用权,其中包括:(1)已获学位的研究生必须按学校规定提交学位论文,学校可以采用影印、缩印或其他复制手段保存研究生上交的学位论文;(2)为教学和科研目的,学校可以将公开的学位论文作为资料在图书馆、资料室等场所供校内师生阅读,或在校园网上供校内师生浏览部分内容;(3)根据《中华人民共和国学位条例暂行实施办法》,向国家图书馆报送可以公开的学位论文。本人保证遵守上述规定。	
	保密级别	秘密(2013 年 7 月公开)	
学位			
	学科专业	工学—材料科学与工程—材料学	学科/专业目录
	学位授予单位	清华大学	
	学位名称	工学硕士	学位名称代码
	学位级别	硕士	
馆藏信息		清华大学特藏阅览室	
	典藏号	00051103	

6 纸本论文扫描为电子版学位论文样例

元素	元素修饰词	著录内容	规范文档
题名		双折射双频激光器特性研究	
	其他题名	Study of birefringence dual-frequency lasers' character	
作者		徐俊澄	
	作者单位	清华大学精仪系	
主题		氦氖激光器;功率调谐;等光强;稳频;频差;birefringence;power tuning;equal light intensity;frequency difference	
描述			
	文摘	本论文的目的是研究 He-Ne（632.8nm）双折射双频激光器的特性,并改进激光器的性能。作者所在课题组已对双折射双频激光器(包括晶体石英双折射激光器的性能、应力双折射激光器和塞曼—双折射激光器)取得了原理上的突破和丰富的实验数据。但随着实验的深入以及应用提出的要求,仍有不少重要的问题需要研究,本文研究了这样一些问题,取得了若干重要结果。出于激光器稳频与激光器制作的需要,论文中分析对充天然 Ne,单同位素 Ne～20,等量双同位素(Ne～20:Ne～22－1:1)的应力双折射双频激光器进行了 o、e 光功率的腔调谐特性研究。分析了磁场和频差对其影响,并对实验结果及其中的一些实验现象进行一定的理论解释。在对激光器调协特性了解的基础上,利用此 o、e 光功率调谐曲线的特点进行了稳频研究,完成了全内腔横向塞曼—应力双折射激光器的封装、热司服法的等光强稳频。频率稳定度约为 $10～（-8）$,波长不确定度约为 $10～（-7）$。对应力双折射激光器的制作进行了研究,从理论依据和实验中积累的经验中研究了各项参数,归纳了具体参考方案,并对双折射元件的加力装置进行了改进,将一维加力改为二维加力,成功解决了较小频差(2—10MHz)时加力易松动导致频差不稳定的问题。最后,在研制双折射激光频率分裂教学实验仪器系统过程中,设计并装调了扫描干涉仪的驱动电源……	

续表

元素	元素修饰词	著录内容	规范文档
	文摘	The goal of this thesis is to study the character of Ne-Ne (632. 8nm) Birefringence Dual-frequency laser, and improve the laser's performance. The group which the author stay in has made some break through progress on Birefringence Dual-frequency laser in theory and got much experiment data, include the Quartz Birefringence laser, Stress Birefringence laser and the Zeeman-Birefringence laser. But when going deep into the research and to meet the demand of the applications, we found there are much work to do. This thesis investigates these matters. For the goal of frequency stability and the make of lasers, in this thesis, the power tuning curves of o light and e light along with the cavity length are studied, including the lasers filled with natural Ne, single isotope Ne ~ 20 and equal isotope quantity (Ne ~ 20 : Ne ~ 22 = 1 : 1). Analyze the influence of the frequency-difference and the magnetic field intensity. Some theoretic interprets to the result and phenomena of experiment are presented. Based on the character of the power tuning curves, frequency stabilized is studied Finished the encapsulation of full inner cavity transverse Zeeman-stress birefringence laser and by using heat serving through the equal light intensity method, the frequency stability we get is about 10 ~ (− 8) and the wavelength indesterminacy is about 10 ~ (− 7). The parameters of stress birefringence laser are investigated, based on the theory and the experience accumulated in experiments, the reference schemes are presented. The stressing device on the birefringence element is improved, from one dimension to two dimension method, the frequency difference (2 ? 10MHz) instability problem caused by looseness is successfully solved. In the development of Birefringence laser Frequency Splitting Experiment Instrument system, the driving supply of the scanning interferometer-High Sawtooth Signal Generator is designed and adjusted...	
导师		张书练	

元素	元素修饰词	著录内容	规范文档
	导师单位	清华大学精仪系	
日期			
	答辩日期	2000－07	W3C－DTF
	全文可获得日期	2008－10	W3C－DTF
类型		学位论文	
格式		Application/pdf	IMT
	文件大小	1267KB	
	页码	107	
标识符		http://etd.lib.tsinghua.edu.cn:8001/xwlw/detail_xwlw.jsp?searchword=%28AUTHOR%3D%25%29+and+%28latest_date%3D2000+to+2000%29&singlesearch=no&channelid=65004&record=17	URI
语种		chi	ISO 639—2
权限			
	权限声明	本人完全了解清华大学有关保留、使用学位论文的规定，即：学校有权保留送交论文的复印件，允许论文被查阅和借阅，学校可以公布论文的全部或部分内容，可以采用影印、缩印或其他复制手段保存论文。保密的论文在解密后应遵守此规定。	
	保密级别	公开	
学位			
	学科专业	工学—仪器科学与技术—精密仪器及机械	学科/专业目录
	学位授予单位	清华大学	
	学位名称	工学硕士	学位名称代码
	学位级别	硕士	
馆藏信息		清华大学特藏阅览室	
	典藏号	01159103	

7 学位授予单位为中国科学院的学位论文样例

元素	元素修饰词	著录内容	规范文档
题名		基于结构域聚类的蛋白质结构预测研究	
	其他题名	Research on Protein Structure Prediction Based on Domain Cluster	
作者		马照云	
	作者单位	中国科学院研究生院计算技术研究所	
主题		蛋白质结构域;同源建模;目标—模板比对算法;结构域合并;protein domain;homology modeling;target-template alignment algorithm;domain merger	
描述			
	目次		
	文摘	蛋白质结构决定蛋白质功能。随着各种基因组计划的完成,产生了海量的蛋白质序列数据,通过传统试验的方法已经无法对这些数据进行及时处理。因此,利用计算方法进行蛋白质三维结构预测已成为当前生物信息学的研究热点之一。	

元素	元素修饰词	著录内容	规范文档
		在蛋白质结构预测算法中同源建模（Homology Modeling）被认为是当前最成功的预测算法。随着 HPI（Human Proteomics Initiative）项目的开展，在未来 5 到 10 年内，越来越多的蛋白结构将会被确定,同源建模技术将具有更广泛的应用前景:然而,同源建模法存在两方面的严重缺陷:结构模板数量不足和目标—模板比对不够准确。结构域在蛋白质进化过程中其结构功能相对独立。在 InterPro 数据库中多于 2/3 的结构域能在 PDB 中找到其相应结构,而且 85% 以上的蛋白质序列包含至少一个或多个结构域。因此以结构域聚类为模板可以预测出更多的蛋白质结构。基于这一思想,并针对同源建模中的两个缺陷问题,本文主要进行了如下几方面的研究:1）提出基于三维结构的目标—模板比对算法 tri-profile:结构比对是目前最准确的比对方法,其常作为其他比对方法的基准,三维结构信息的加入往往能提高比对的准确度和灵敏度,我们的结构域聚类数据库含有大量的结构信息,本论文从中抽取了基于三维结构的 profile,并基于此构造 sequence-profile 比对算法,实验证明,算法可以提高比对的灵敏度和最终预测结果的准确度。2）提出基于混合信息的目标—模板比对算法 hybrid:虽然结构信息是非常重要的一类信息,但是由于结构比对在 loop 区域通常是没有意义的,所以纯粹基于结构信息的 profile 会造成一些信息丢失。同时,从理论上讲,在比对中加入的信息越多,比对就越准确,基于以上考虑,本论文中构造了基于一维、二维、三维混合信息的 profile-profile 比对算法 hybrid,并对其在内外部测试集上进行了大量测试,结果表明,hybrid 比对算法尤其在低相似度测试集上灵敏度和准确度比其他方法都有明显提高。3）结构域合并方法:因为基于结构域聚类进行蛋白质结构预测方法的模板是结构域,所以其引出了一个新的问题,即结构域合并问题。这是一个很有难度的问题,对该问题,本论文采取了首先利用 hybrid 算法进行结构域映射分解,然后对结构域进行结构预测,最后进行合并优化的策略。并且选择了具有代表性的一些序列进行测试,结果表明在目标没有精确模板的情况下,基于上述结构域合并方案得到的预测结果明显优于直接同源建模的结果……	

续表

元素	元素修饰词	著录内容	规范文档
	文摘	Protein structure decides its function. As more and more complete genomes have been or are being sequenced, the number of protein sequences will continue to grow exponentially. Obviously, experimental approaches are unable to keep up with the need to determine the structures of newly discovered genes. This huge gap is further widened in the current genomic era. For this reason, many computational methods to predict protein structures have been developed to complement experimental structure determination. Homology Modeling has been proved to be the most successful method in protein structure prediction. As progressing of the Project Human Proteomics Initiative, more and more protein structures will be determined in 5 or 10 years, thus we can use these determined structures as templates for the homology modeling to produce a structural coverage for a majority of sequenced genes. However, there are two major shortcomings in homology modeling, deficiency of structure templates and the accuracy of target-template sequence alignment. Proteins evolve with their structural and functional domains as independent units. There are already more than two thirds of the protein domains in the InterPro database whose structures can be found in the PDB database, moreover, it has been found that more than 85% of all proteins contain at least one or multiple conserved sequence domains. This motivates us to propose a method that conserved sequence domains instead of complete protein chains are used as templates for homology modeling. And the main research work is listed as follows:1) Target-template alignment based on the three-dimensional structure information: currently structure alignment is the most accurate one, and often as the norm of other methods. The addition of three-dimensional structural information can often improve the accuracy and sensitivity, and our domain clustering database contains a lot of structural information, so we extract a profile from the three-dimensional structure alignment	

元素	元素修饰词	著录内容	规范文档
		and build a sequence-profile algorithm. Experiment results show that the sensitivity and accuracy have risen in some degrees. 2）Hybrid algorithm based on mixed information：Structural information is very important, but profile extract solely from structure will cause some loss of information because there is no sense in the loop region of structural alignment. Moreover, in view of theory, the more information to added, the more accurate it will be. Therefore, we constructed a profile-profile alignment algorithm called hybrid based on the one-dimensional, two-dimensional and three-dimensional information, and we set a large number of tests in inner and external benchmarks. The experimental results showed that, especially in low similarity, the sensitivity and accuracy have improved markedly in compared with other methods…	
	成果目录	［1］Zhaoyun Ma, Fa Zhang. Lin Xu, Shengzhong Feng and Zhiyong Liu, "Protein Structure Prediction Based on a Domain Clustering Database", The 1st International Conference on Bioinformatics and Biomedical Engineering, Wuhan, China, pp. 7 – 10, July 2007. ［2］Fa Zhang, Zhaoyun Ma and Zhiyong Liu, "Using Domain-Based Structural Ensemble to Improve Structure Modeling", Proceedings of the 7th IEEE International Conference on Bioinformatics and Bioengineering, Harvard Mddical School Boston, USA, pp. 835 – 841, October 2007.	
	资助	国家自然科学基金面上项目"蛋白质空间结构的同源建模及其并行化研究"，编号：60503060	
	资助	国家自然科学基金重点项目"生物信息学示范应用"，编号：90612019	
	资助	国家自然科学基金"高性能算法设计与分析"，编号：60752001	
导师		冯圣中	

元素	元素修饰词	著录内容	规范文档
	导师单位	中国科学院研究生院计算技术研究所	
导师		张法	
	导师单位	中国科学院研究生院计算技术研究所	
日期			
	答辩日期	2008 – 06	W3C – DTF
类型		学位论文	
格式		Application/pdf	IMT
	文件大小	2368KB	
	页码	76	
来源		http://www. cnki. net/kcms/detail/detail. aspx? QueryID = 45&CurRec = 1&dbCode = CMFD&filename = 2008067485. nh&dbname = CMFD9908&uid = WEEvREcwSlJHSldTTGJhYl-NxYktwdzc1dWdPM2NxWTRFSnNmUG5VSjNWcjVMYi9JTER5 U2JVaXRLbOZHVkdTUQ = =	URI
语种		chi	ISO 639—2
关联			
	参照	[1] 阎隆飞,孙之荣. 蛋白质分子结构. 北京:清华大学出版社,1999. [2] S. F. Altschul, T. L. Modden, A. A. Schaffer, et al. Gapped BLAST and PSI-BLAST：a new generation of protein database search. Nucleic Acids Res. 1997. 25 (7):3389. [3] K. Karplus, R. Karchin, et al. What is the value added by human in protein structure prediction. Proteins, 2001, 45 (suppl 5) :86. [4] D. T. Jones, W. R. Taylor, J. M. Thornton. A new approach to protein fold recognition. Nature, 1992, 358:86. [5] D. Baker, A. Sali. Protein structure prediction and structural genomic. Science, 2001,294:93. [6] C. Orengo. Classification of protein folds. Current opinion in Structural Biology,1994. 4:p. 429 – 440. [7] J. Gough, K. Karplus, R. Hughey, C. Chothia. Assignment of homology to genome sequences using a library of hidden	

元素	元素修饰词	著录内容	规范文档
		Markov models that represent all proteins of known structure. J. Mol. Biol. 2001. 313:p. 903 – 919. [8] A. R. Panchenko, S. H. Bryant. A comparison of position-specific score matrices based on sequence and structure alignments. Protein Sci. 2002. 11:p. 361 – 370. [9] A. G. Muzrin, S. E. Brenne, T. Hubbard and C. Chothia. SCOP:a structural classification of proteins database for the investigation of sequence and structures. Journal of Molecular Biology, 1995. 247:p. 536 – 540. [10] L. Holm and C. Sander. Mapping the protein universe. Science, 1996. 273:p. 595 – 602. [11] C. A. Orengo, A. D. Michie, S. Jones, D. T. Jones, M. B. Swindells, and J. M. Thornton. CATH-A hierarchic classification of protein domain structures. Structure, 1997. 5:p. 1093 – 1108 ……	
权限			
	权限声明	我声明本论文是我本人在导师指导下进行的研究工作及取得的研究成果。尽我所知,除了文中特别加以标注和致谢的地方外,本论文中不包含其他人已经发表或撰写过的研究成果。与我一同工作的同志对本研究所做的任何贡献均已在论文中作了明确的说明并表示了谢意。本人授权中国科学院计算技术研究所可以保留并向国家有关部门或机构送交本论文的复印件和电子文档,允许本论文被查阅和借阅,可以将本论文的全部或部分内容编入有关数据库进行检索,可以采用影印、缩印或扫描等复制手段保存、汇编本论文。	
	保密级别	公开	
学位			
	学科专业	工学—计算机科学与技术—计算机系统结构	学科/专业目录
	学位授予单位	中国科学院研究生院	
	学位名称	工学硕士学位	学位名称代码
	学位级别	硕士	

8 联合培养的学位论文样例

元素	元素修饰词	著录内容	规范文档
题名		多普勒雷达资料三维变分直接同化方法研究	
作者		顾建峰	
	作者单位	南京信息工程大学	
主题		多普勒雷达资料;直接同化;非模式变量;径向速度;反射率因子;WRF 3DVAR 系统;WRF 模式;云微物理过程;观测算子;台风;飑线;中尺度暴雨;Doppler radar observation;direct assimilation;non-model variable;radial velocity;reflectivity;WRF 3DVAR system;WRF model;cloud microphysics;observation operator;Typhoon;squall line;mesoscale rainstorm	
描述			

元素	元素修饰词	著录内容	规范文档
	文摘	为了探索解决非模式变量——径向速度和反射率因子的直接同化问题,从实际业务应用的前景和价值出发,采用三维变分同化方法,研究建立了多普勒天气雷达基本观测量的直接同化方法,并应用韩国 Jindo 雷达资料、美国 IHOP$_2$002 试验 WSR-88D 雷达资料和上海 WSR-88D 雷达资料,分别对台风 Rusa(2002)、飑线天气、中尺度暴雨和登陆台风 Matsa(2005)进行了分析与模拟。主要研究内容和结论包括:(1)通过在 WRF 3DVAR 系统框架中引入垂直速度分析增量、云微物理过程参数化、径向速度和反射率因子的直接同化观测算子,并通过伴随检验,发展和建立了多普勒天气雷达基本观测量的直接同化方法。该方法能够在动力约束和热力约束、模式参数、中尺度资料融合等方面与 WRF 中尺度模式保持协调一致。(2)应用 Jindo 雷达资料对台风 Rusa(2002)的分析模拟表明,垂直速度分析增量、递归滤波器尺度因子调优、GTS 和 AWS 资料的分析同化都改善了台风的初始结构和数值预报,尤其是径向速度的直接同化效果最为显著,说明直接同化方法能够从雷达观测资料中提取有效信息,对台风初始场和台风登陆预报具有正贡献。(3)应用 IHOP$_2$002 试验的 WSR-88D 雷达资料,对一次飑线过程的分析模拟表明,分别直接同化径向速度和反射率因子,均能提高分析和预报质量;同时同化径向速度和反射率因子能够进一步改善飑线过程的降水预报;同化更多雷达资料(11 部雷达)比同化单部雷达资料对降水预报的效果更好。(4)应用上海 WSR-88D 多普勒雷达资料,对中尺度暴雨过程的分析模拟表明,当径向速度新息向量阈值取 7.5 m/s、观测误差取 1.5 m/s,反射率因子新息向量阈值取 10 dBZ、观测误差为 2 dBZ时,降水预报效果较好;径向速度直接同化能够改善对流层的三维风场分析;反射率因子的直接同化能够改善热力场分析,并使动力场向热力场适应,对中尺度强降水预报的改善比直接同化径向速度的效果更为突出,同时证实了云半径对云中垂直速度参数化的重要性和敏感性;联合同化径向速度和反射率因子……	

元素	元素修饰词	著录内容	规范文档
	文摘	Direct assimilation of Doppler radial velocity and radar reflectivity that arenon-model variables is a challenge. With an ultimate goal of operationalapplication of Doppler radar data in numerical weather prediction (NWP), thedirect assimilation procedure of Doppler radar observations usingthree-dimensional variational (3DVAR) data assimilation method is setup forthe Weather Research and Forecasting (WRF) model. Numerical experimentswith the WRF 3DVAR system are conducted for the initialization of TyphoonRusa (2002), squall line, mesoscale rainstorm and landfalling Typhoon Matsa (2005). The Doppler radar data assimilation in WRF 3DVAR system is robustwith the data from diverse radar stations, including Jindo radar observations inKorea, IHOP$_2$002 (International H2O Project) WSR-88D observations in theUnited States and the Shanghai WSR-88D observations in China, respectively. The major research works and the primary conclusions are summarized asfollows: (1) To assimilate Doppler radial velocity and radar reflectivity data, thevertical velocity increments, cloud microphysics processes and observationoperators of the radar observations are introduced into the WRF 3DVARsystem. The tangent linear and adjoint programs in WRRF 3DVAR are verifiedwithin the expected accuracy. The developed Doppler radar data assimilationscheme is efficient for the WRF analyses, which are consistent with the WRFdynamical, thermodynamical and other model parameters by blending ofdifferent mesoscale observation data. (2) Doppler radial velocities from the Korean Jindo radar are directlyassimilated into the WRF 3DVAR system for Typhoon Rusa (2002) case. Assimilation and simulation results show that vertical velocity increments, tuning of scale-lengths in recursive filter, GTS (the Global TelecommunicationsSystem) data and AWS (Automatic Weather Station) data...	

元素	元素修饰词	著录内容	规范文档
	资助	国家自然科学基金重点项目"中国强降水数值预报研究"（40233036）	
	研究方向	资料同化	
导师		颜宏	
	导师单位	南京信息工程大学	
导师		薛纪善	
	导师单位	中国气象科学研究院	
日期			
	答辩日期	2006 – 05	W3C – DTF
类型		学位论文	
格式		Application/pdf	IMT
	文件大小	8900KB	
	页码	233	
来源		http://www. cnki. net/kcms/detail/detail. aspx? dbcode = cdfd&dbname = cdfd2006&filename = 2006083028. nh&uid = WEEvREcwSlJHSldTTGJhYkhsZ3dad1QzQ211WVUvSUNUT0xB QnVuMFRaWGRURStXUVZRVkkwaE1wandzbmRuVQ = = &p =	URI
语种		chi	ISO 639—2
关联			
	参照	［1］Lilly D. K. Numerical prediction of thunderstorms-has its time come? Quart. J. Roy. Meteor. Soc. ,1990,116:779 – 798. ［2］Lhermitte R. M. , Atlas D. Precipitation motion by pulse Doppler radar. Proc. Ninth Weather Radar Conf. , Kansas City, MO, 1961, Amer. Meteor. Soc. , 218 – 223. ［3］Browning K. A. , Wexler R. The determination of kinematic properties of a wind field using Doppler radar. J. Appl. Meteor. , 1968, 7: 105 – 113. ［4］Srivastava R. C. , Matejka T. J. , Lorello T. J. Doppler radar study of the trailing anvil region associated with a squall line. J. Atmos. Sci. , 1986, 43: 356 – 377. ［5］Matejka T. J. , Srivastava R. C. An improved version of the extended velocity-azimuth display analysis of single Doppler	

元素	元素修饰词	著录内容	规范文档
		radar data. J. Atmos. Oceanic Technol. , 1991, 8：453 – 466. ［6］Matejka T. J. Concurrent extended vertical velocity azimuth display（CEVAD）. Preprints, 26th Int. Conf. on Radar Meteorology, Norman, OK, 1993, Amer. Meteor. Soc. , 218 – 223. ［7］Gao J. , Droegemeier K. K. , Gong J. , Xu Q. A method for retrieving mean horizontal wind profiles from single-Doppler radar observations contaminated by aliasing. Mon. Wea. Rev. , 2004, 132：1399 – 1409. ［8］Waldteufel P. , Corbin H. On the analysis of single-Doppler radar data. J. Appl. Meteor. , 1979,18：532 – 542. ［9］Koscielny A. J. , Doviak R. J. , Rabin R. Statistical considerations in the estimation of divergence from single-Doppler radar and application to prestorm boundary-layer observations. J. Appl. Meteor. ,1982, 21：197 – 210. ［10］Boccippio D. J. A diagnostic analysis of the VVP single-Doppler retrieval technique. J. Atmos. Oceanic Technol. , 1995, 12：230 – 248. ……	
权限			
	保密级别	公开	
学位			
	学科专业	理学—大气科学—气象学	学科/专业目录
	学位授予单位	南京信息工程大学	
	学位级别	博士	

9　印刷本和电子版共存的学位论文样例

元素	元素修饰词	著录内容	规范文档
题名		集成制造系统项目投资评价研究	
	其他题名	Investment Evaluation Study on Integrated Manufacturing System Project	
作者		王明方	

元素	元素修饰词	著录内容	规范文档
	作者单位	清华大学经济管理学院	
主题		集成制造系统;投资;评价;Integrated manufacturing;invest-ment;evaluation	
描述			
	目次		
	文摘	制造企业实施的先进制造技术形态各异,但从技术和系统方法层面,有一类技术项目之间本质上存在着共性——系统性和数字化,由此提出集成制造系统的概念,对其技术构成体系进行了梳理,并总结了对集成制造系统的一般特征。集成制造系统项目投资评价的目的在于为投资决策提供基础信息。为此要解决两个基本问题:一是评价的内容,二是评价方法。为了避免投资价值的重大遗漏和重叠,本文结合集成制造系统项目的构成要素和项目投资的技术经济特征,对各种效益进行了全面的描述,并研究了效益间的关系及其形成机理。在此基础上,提出投资评价应包括竞争优势、风险、财务效益和集成四个方面的评价。为了保证评价的质量,将投资评价视为一个系统进行处理,揭示了该系统的结构、层次、和反馈机制。在坚持评价结构与机制的指导作用的同时,提出在选择具体评价工具完成评价指标体系建构、权重赋值、	

续表

元素	元素修饰词	著录内容	规范文档
		指标合成等具体的评价步骤时,应根据操作对象灵活处理。对集成制造系统项目的投资评价分成两个阶段。第一阶段依次对竞争优势、风险、财务效益和集成四个评价子系统进行了评价。第二阶段是对第一阶段评价结果的综合运用。本文在综合评价中提出两种不同的方法,以便根据不同的决策环境进行选择使用和相互验证:(1)广义投资效率法(2)包络图法。最后,提出了在具体的投资评价中可供参考的几种权变处理方式。最后,使用一个算例对上述评价方法进行了验证。本文系统总结、优化了投资评价主要环节与要素,文中所提出的评价方法对于多类集成制造系统具有普适性……	
	文摘	The advanced manufacturing technologies implemented by manufacturing enterprises are in various forms, but in technical and system method layer, there is commonness between items of certain type—systemization and digitalization, therefore the concept of integrated manufacturing was proposed to comb its technical composing system and the general characteristics of integrated manufacturing were summed up. The purpose of investment evaluation on integrated manufacturing projects is to provide basic information for investment decision-making. Therefore, two basic issues shall be solved: one, evaluation content; two, evaluation method. To avoid significant missing and overlapping of investment value, this article combines the constituents of integrated manufacturing projects and technical economics characteristics of project investment, describes roundly various benefits, and studies the relationship between benefits and their forming mechanism. On such basis, proposes are made that investment evaluation shall include competitive advantages, risks, financial benefits and integration. To guarantee evaluation quality, investment evaluation is handled as a system, the structure, layers and feedback mechanism of such system are revealed. While adhering to guidance function of evaluation structure and mechanism, it is proposed that selecting of	

元素	元素修饰词	著录内容	规范文档
		specific evaluation tool to finish specific evaluation processes such as evaluation index system constitution, weight evaluation, index composing etc, shall be flexible according to operation objects. Investment evaluation on integrated manufacturing projects is divided in two stages: first, evaluate in turn the four evaluation subsystems: competitive advantages…	
导师		仝允桓	
	导师单位	清华大学经济管理学院	
日期			
	答辩日期	2005－05	W3C－DTF
	学位授予日期	2005－07	W3C－DTF
	提交日期	2005－06	W3C－DTF
	全文可获得日期	2005－11	W3C－DTF
类型		学位论文	
格式		Application/pdf	IMT
	文件大小	1920KB	
	页码	121	
标识符		http://etd.lib.tsinghua.edu.cn:8001/xwlw/detail_xwlw.jsp?searchword＝AUTHOR%3D%CD%F5%C3%F7%B7%BD&singlesearch＝no&channelid＝65004&record＝1	URI
语种		chi	ISO 639—2
关联			
	参照	［1］姚福生,郭重庆,吴锡英,刘培权.先进制造技术上.北京:清华大学出版社,2002 ［2］傅家骥,仝允桓.工业技术经济学.北京:清华大学出版社,1996 ［3］Michael Tracey, Mark A. Vbonderembse. Manufacturing technology and strategy formulation: key to enhancing competitiveness and improving performance ［4］彭灿.国外先进制造技术(AMT)评价研究综述及展望,系统工程理论方法应用,1997(4)	

续表

元素	元素修饰词	著录内容	规范文档
		［5］Canada, John, R. AndWilliam G. Suliven, Economic And Multi-Attribute Evaluation Of Advanced Manufacturing Systems, Prentice Hall, Englewood Cliffs, NewJersey, 1989 ［6］Weber, Stephen F, A Modified Analytic Hierarchy Process For Automated Manufacturing Decisions, Interfaces, Jul/Aug93, Vol. 23Issue4 ［7］Liberatore, Matthew J, A Framework For Integrating Capital Budgeting Analysis With Strategy；The Engineering Economist, Norcross；Fall 1992；Vol. 38Iss. 1 ［8］Khouja M. The Use Of Data Envelopment Analysis For Technology Selection［J］. Computer Sand Industrial Engineering, 1995,28(2) ［9］Sexton Tretal. Data Envelopment Analysis：Critique And Extensions［A］. Rhsilkman Measuring Efficiency：An Assessment Of Data Envelopment Analysis［C］. San Francisco：Josseybass, 1986,73－104	
权限			
	版权声明	本人完全了解清华大学有关保留、使用学位论文的规定，即：清华大学拥有在著作权法规定范围内学位论文的使用权，其中包括:(1)已获学位的研究生必须按学校规定提交学位论文，学校可以采用影印、缩印或其他复制手段保存研究生上交的学位论文;(2)为教学和科研目的，学校可以将公开的学位论文作为资料在图书馆、资料室等场所供校内师生阅读，或在校园网上供校内师生浏览部分内容;(3)根据《中华人民共和国学位条例暂行实施办法》，向国家图书馆报送可以公开的学位论文。本人保证遵守上述规定。	
	保密级别	公开	
学位			
	学科专业	管理学—工商管理—企业管理	学科/专业目录
	学位授予单位	清华大学	
	学位名称	管理学硕士	学位名称代码
	学位级别	硕士	
馆藏信息		清华大学特藏阅览室	
	典藏号	0076895	

106

10 不同来源电子版论文的处理

元素	元素修饰词	著录内容	规范文档
题名		基于三维非线性有限元的边坡静—动力稳定分析	
	其他题名	Static and Dynamic Stability Analysis of Slope Based on Three-Dimension Nonlinear Finite Element Method	
作者		黄跃群	
	作者单位	清华大学水利工程系	
主题		边坡;非线性有限元;变形加固理论;塑性余能范数;不平衡力;Slope;Nonlinear Finite Element Method;Deformation reinforcement theory;Plastic complementary energy	
描述			
	目次		

续表

元素	元素修饰词	著录内容	规范文档
	文摘	边坡的稳定对工程的安全建设和稳定运行具有重要意义。长期以来，人们普遍采用安全系数的评价体系分析评价边坡滑块的稳定性，但对边坡的整体失稳和局部破坏问题研究较少。本文基于三维非线性有限元，将变形加固理论拓展应用于边坡的静—动力稳定分析，从变形加固理论的两个核心概念——塑性余能和不平衡力——出发，综合有限元应力应变成果以及安全系数评价标准，全面研究边坡在静力和动力作用下的稳定情况，并初步建立边坡在该框架内的静—动力稳定性评价体系和相应的研究方法。本论文所做的主要研究工作有:1.简要介绍了变形加固理论的基本理论,分析总结了静力作用下边坡塑性余能范数随材料降强的变化规律,以及动力作用下边坡塑性余能范数随时间变化的规律,验证了塑性余能范数作为边坡整体稳定性判定依据的合理性。结合不平衡力的分析研究,阐述了不平衡力与局部破坏的关系,以及不平衡力随降强或时间的发展规律。2.简要介绍了多重网格法的基本理论,采用多重网格法利用有限元的应力计算成果得到滑面安全系数时程曲线,并进行了精度验算,说明了采用多重网格法计算滑面安全系数的精确性。在此基础上,采用可靠度分析的理论,计算了边坡的动力安全系数。3.将变形加固理论应用于锦屏一级拱坝左岸边坡的静力稳定分析,并就坝与边坡的相互作用问题进行了分析研究,总结了边坡在静力作用下的一些规律性结论。4.将变形加固理论应用于大岗山右岸边坡的动力稳定分析,从应力应变成果、滑块安全系数时程曲线、塑性余能范数时程曲线以及不平衡力等方面全方位地分析研究了边坡在地震荷载作用下稳定情况,总结了边坡在动力作用下的一些规律性结论……	
	文摘	Slope stability is always a key factor for civil engineering's safe construction and stable operation. For a long time, the safety factor analysis system is widely used for engineers to evaluate the slope's slide block stability, while the slope's overall stability and local destruction are not paid enough attention. This dissertation adopts the deformation reinforcement theory which based on	

108

元素	元素修饰词	著录内容	规范文档
		three-dimension nonlinear finite element method and uses its two key judgments-plastic complementary energy and unbalanced force-to study the overall and local stability of slope both in static and dynamic conditions. Meanwhile, the displacement and stress results of slope and the slide block's safety factor are also used to analyze the slope stability. The main research works of this dissertation include: (1) A brief introduction of deformation reinforcement theory is given, and then some simple numerical examples is placed to show the change law of plastic complementary energy which changes with structure reduction and dynamic procedure, verifying the rationality of using the plastic complementary energy to judge the overall stability of slope. Meanwhile, the unbalanced force is also studied to show the relationship to local destruction, the unbalanced force's change law is studied at the same time. (2) Briefly introduced the basic theory of multi-grid method, then use this method to compute the slope slide surface's safety factor change with time, and the calculation precision is provided to show the multi-grid method's reliability. Then, the reliability theory based on statistical method is used to calculate the dynamic safety factor. (3) Apply the deformation reinforcement theory to study the static stability of Jin-Ping left side high slope, and study the interaction and influence between slope and arch dam. At the end, conclusions of the slope static stability come from this example are generalized. (4) Apply the deformation reinforcement theory to study the dynamic stability of DaGangshan right side high slope. In this example, not only the plastic complementary energy and unbalanced force results are studied, but also the displacement and stress results, slide block safety factors are given to show the slope dynamic stability. The slope dynamic stability conclusion is also given in the end...	

续表

元素	元素修饰词	著录内容	规范文档
导师		刘耀儒	
	导师单位	清华大学水利工程系	
日期			
	答辩日期	2010 – 06	W3C – DTF
	学位授予日期	2010 – 07	W3C – DTF
	提交日期	2010 – 06 – 10	W3C – DTF
	全文可获得日期	2010 – 11	W3C – DTF
类型		学位论文	
格式		Application/pdf	IMT
	文件大小	192MB	
	页码	103	
标识符		http：//etd. lib. tsinghua. edu. cn：8001/xwlw/detail_xwlw. jsp? searchword ＝ AUTHOR% 3D% BB% C6% D4% BE% C8% BA&singlesearch ＝ no&channelid ＝ 65004&record ＝ 1	URI
来源		http：//www. cnki. net/kcms/detail/detail. aspx? dbcode ＝ CMFD&QueryID ＝ 1&CurRec ＝ 7&dbname ＝ CMFDLAST2012& filename ＝ 1011280829. nh&uid ＝ WEEvREcwSlJHSldTTGJh YlRBbWpCeDFBTVpyTHk5ZVZ5QnlibHI2dGJaOHZ4WmZFakF TOTRON1VMT082bzJiUg ＝ ＝	URI
语种		chi	ISO 639—2
关联			
	参照	[1] 张咸恭，王思敬，张倬元. 中国工程地质学[M]. 北京：科学出版社,2000 [2] 陈祖煜，汪小刚，杨健，贾志欣，王玉杰. 岩质边坡稳定分析——原理? 方法? 程序[M]. 北京：中国水利水电出版社,2004 [3] 黄润秋. 20 世纪以来中国的大型滑坡及其发生机制[J]. 岩石力学与工程学报,2007, 26(3)：433 – 454 [4] 杨强，周维垣，陈新. 岩土工程加固分析中的最小余能原理和上限定理[C]//冯夏庭，黄理兴编. 21 世纪的岩土力学与岩土工程. 武汉：[s. n.], 2003:158 – 166	

元素	元素修饰词	著录内容	规范文档
		[5] 杨强，陈新，周维垣，等.三维弹塑性有限元计算中的不平衡力研究[J].岩土工程学报，2004，26(3)：323－326 [6] 杨强，陈新，周维垣.岩土工程加固分析的弹塑性力学基础[J].岩土力学，2005，26(4)：553－557 [7] Yang Qiang, Liu Yaoru, Chen Yingru, Zhou Weiyuan. Deformation reinforcement theory and its application to high arch dams[J]. Science in China, Ser E-Tech Sci, 2008, 51 (Supp. II)：32－47 [8] 杨强，刘耀儒，陈英儒，周维垣.变形加固理论及高拱坝整体稳定与加固分析[J].岩石力学与工程学报，2008，27(6)：1121－1136 [9] 黄润秋，许强，陶连金，等.地质灾害过程模拟和过程控制研究[M].北京：科学出版社，2002 [10] 黄润秋.岩石高边坡发育的动力过程及其稳定性控制[J].岩石力学与工程学报，2008，27(8)：1525－1544 [11] 孙广忠，姚宝魁.中国滑坡地质灾害及其研究[A].中国典型滑坡[C]，1986 [12] Romana, M. Practice of SMR classification for slope appraisal[A]. Proceedings of the 5th Int. Symp on Landslides[C]. Lamna：A. A. Bakema, 1988	
权限			
	权限声明	本人完全了解清华大学有关保留、使用学位论文的规定，即：清华大学拥有在著作权法规定范围内学位论文的使用权，其中包括：(1)已获学位的研究生必须按学校规定提交学位论文，学校可以采用影印、缩印或其他复制手段保存研究生上交的学位论文；(2)为教学和科研目的，学校可以将公开的学位论文作为资料在图书馆、资料室等场所供校内师生阅读，或在校园网上供校内师生浏览部分内容；(3)根据《中华人民共和国学位条例暂行实施办法》，向国家图书馆报送可以公开的学位论文。本人保证遵守上述规定。	
	保密级别	公开	

续表

元素	元素修饰词	著录内容	规范文档
学位			
	学科专业	工学—水利工程—水力学及水资源	学科/专业目录
	学位授予单位	清华大学	
	学位名称	工学硕士	学位名称代码
	学位级别	硕士	

11 同一篇电子论文在多个检索系统中的学位论文样例

元素	元素修饰词	著录内容	规范文档
题名		GPS L2C 信号的捕获跟踪算法及软件实现	
	其他题名	Study on Acquisition and Tracking Algorithms of GPS L2C Signal and the Software Implementation	
作者		孙亮	
	作者单位	清华大学电子工程系	
主题		L2C;捕获;跟踪;软件接收机;L2C;Acquisition;Tracking;Software Defined Receiver	
描述			
	目次		

元素	元素修饰词	著录内容	规范文档
	文摘	为了满足民用用户对复杂环境下高精度导航定位的需求,美国政府启动了 GPS 的现代化计划,其中的一个重要内容是在 L2 频点上增加了一个新的民用信号,即 L2C 信号。与已有的 L1C/A 信号相比,L2C 信号由于采用前向纠错编码和时分复用技术等若干技术,因而具有更低的载波跟踪门限和数据解调门限,更适合在室内或丛林地带等复杂环境下的应用。同时,民用用户可以通过同时接收 L1C/A 信号和 L2C 信号校正电离层传输延时,从而得到精度更高的定位结果。目前已有 8 颗现代化的 GPS 卫星播发 L2C 信号,预计未来几年 L2C 信号将全面投入使用。本文主要研究 L2C 信号的捕获和跟踪算法,并在软件接收机上实现了对 L2C 信号的实时处理。根据 L2C 信号结构的特点,捕获可以针对 L2C CM 码和 CL 码分别进行。在 CM 码捕获算法的研究中,借鉴重叠舍弃和折叠思想,采用三种便于进行非相干累加的改进算法对 CM 码进行捕获,并以捕获概率作为衡量性能指标比较了三种算法的捕获性能和运算量。对 CL 码捕获,研究了重叠舍弃、延长补零和折叠三种直接捕获算法,并对算法的捕获性能和运算量进行了比较。仿真结果表明,在相同的捕获条件下,无论是 CM 码捕获还是 CL 码捕获,采用折叠思想改进的算法与其他算法相比均以牺牲部分捕获性能为代价换取最低的运算量。对 L2C 信号的跟踪,研究了 CM 码跟踪、CL 码跟踪和融合跟踪三种算法,并以跟踪误差的方差作为衡量跟踪性能的指标对三种算法进行了比较。仿真结果表明,在相同的跟踪条件下,无论是载波跟踪还是伪码跟踪,融合跟踪算法都具有更优的跟踪性能,而 CL 码跟踪算法性能次之,CM 码跟踪结果抖动最大。为了能在软件接收机中实现对 L2C 信号的实时处理,研究了信号处理进程的构架和关键技术。该进程一共创建了三个线程,并以类的形式对各功能模块进行管理。针对本地载波、本地码的生成和相关运算等计算量大的问题,对载波剥离和伪码剥离算法进行了研究……	

续表

元素	元素修饰词	著录内容	规范文档
	文摘	In order to meet the growing requirement of civilian users for high-precision positioning in complex environment, the U. S. government announced a new GPS modernization initiative that called for the addition of two civil signals, one of which is denoted as L2C. Because of FEC (forward error correction) and TDM (time division multiplex), L2C lowers the data demodulation and carrier tracking threshold. As a result, L2C is likely to become the signal of choice for application like personal navigation in wooded areas and inside buildings. Besides, L2C will provide civilian users the ability to correct for ionospheric delays by making dual-frequency measurements, thereby significantly increasing accuracy. Currently, L2C is transmitted by eight modernized GPS IIR-M satellites. It's expected that it will be fully available in future years. This thesis deeply investigates L2C acquisition methods and tracking algorithms, as well as real-time processing for L2C on SDR (software defined receiver). L2C has unique features that make it different in signal acquisition. L2C can be acquired by CM code and CL code, respectively. In CM code acquisition, based on the ODA (overlap and discard) and folding algorithm, three improved algorithms are set forth. The performances of these algorithms are analyzed and compared by simulation. Three direct acquisition methods are described for CL code, namely the overlap and discard algorithm, the double length and zero padding algorithm, and the extended code folding algorithm. Simulation results demonstrate that the folding algorithm has the worst performance under the same acquisition condition in order to get the least computation burden. Three tracking algorithms for L2C are presented and compared, which are the algorithm using CM code only...	
导师		陆明泉	
	导师单位	清华大学电子工程系	

元素	元素修饰词	著录内容	规范文档
日期			
	答辩日期	2010 – 05	W3C – DTF
	学位授予日期	2010 – 07	W3C – DTF
	提交日期	2010 – 06 – 01	W3C – DTF
	全文可获得日期	2010 – 11	W3C – DTF
类型		学位论文	
格式		Application/pdf	IMT
	文件大小	98MB	
	页码	69	
标识符		http：//www. cnki. net/kcms/detail/detail. aspx？dbcode = CMFD&QueryID = 1&CurRec = 11&dbname = CMFDLAST2012 &filename = 1011280640. nh&uid = WEEvREcwSlJHSldTTGJh YlRBbWpCeDFBTVpyTHk5ZVZ5QnlibHHI2dGJaOHZ4WmZFakF TOTRON1VMT082bzJiUg = =	URI
		http：//etd. lib. tsinghua. edu. cn：8001/xwlw/detail_xwlw. jsp？searchword = TITLE_CN + % 3D + GPS + L2C% D0% C5% BA% C5% B5% C4% B2% B6% BB% F1% B8% FA% D7% D9% CB% E3% B7% A8% BC% B0% C8% ED% BC% FE% CA% B5% CF% D6 + OR + TITLE_EN% 3D + GPS + L2C% D0% C5% BA% C5% B5% C4% B2% B6% BB% F1% B8% FA% D7% D9% CB% E3% B7% A8% BC% B0% C8% ED% BC% FE% CA% B5% CF% D6&singlesearch = no&channelid = 65004&record = 1	URI
来源		http：//www. cnki. net/kcms/detail/detail. aspx？dbcode = CMFD&QueryID = 1&CurRec = 11&dbname = CMFDLAST2012 &filename = 1011280640. nh&uid = WEEvREcwSlJHSldTTGJh YlRBbWpCeDFBTVpyTHk5ZVZ5QnlibHI2dGJaOHZ4WmZFakF TOTRON1VMT082bzJiUg = =	URI
语种		chi	ISO 639—2
关联			

续表

元素	元素修饰词	著录内容	规范文档
	参照	［1］Kaplan E D, Hegarty C J. GPS 原理与应用. 寇艳红 译. 北京:电子工业出版社,2007 ［2］Fontana R D. The new L2 Civil Signal. Proceedings of ION GPS 2001, Salt Lake City,2001:617－631 ［3］Fontana R D, Cheung W. The Modernized L2 Civil Signal. GPS World, 2001. 28－33 ［4］Yang Chun. Joint Acquisition of CM and CL Codes for GPS L2 Civil（L2C）Signals. Proceedings of ION 61st, Annual Meeting, Cambridge, 2005. 553－562 ［5］Psiaki M L. FFT-Based Acquisition of GPS L2C Civilian CM and CL Signals. Proceeding of ION GNSS 17th ITM. Long Beach, 2004. 457－473 ［6］Qaisar S U. Exploiting the Spectrum Envelope for GPS L2C Signal Acquisition. Proceeding of European Navigation Conference 2008, Toulouse, France, 2008 ［7］Hegarty C. Evaluation of the Proposed Signal Structure for the New Civil GPS Signal at 1176. 45MHz. Working Note of MITRE Corporation, 1999 ［8］Tran M, Hegarty C. Receiver Algorithms for the New Civil GPS Signal. Proceeding of ION NTM 2002, San Diego, 2002. 778－789 ［9］Tran M, Hegarty C. Performance Evaluation of the New GPS L5 and L2 Civil（L2C）Signals. Proceeding of ION NTM 2003, Anaheim, 2003. 521－535 ［10］Muthuraman K. Evaluation of Data/Pilot Tracking Algorithms for GPS L2C Signals Using Software Receiver. Proceedings of ION GNSS 20th ITM. Fort Worth, 2007. 2499－2509 ［11］Muthuraman K. Performance Evaluation of L2C Data/Pilot Combined Carrier Tracking. Proceedings of ION GNSS 21th ITM. Savannah, 2008. 1658－1656 ……	
权限			

元素	元素修饰词	著录内容	规范文档
	版权声明	本人完全了解清华大学有关保留、使用学位论文的规定,即:清华大学拥有在著作权法规定范围内学位论文的使用权,其中包括:(1)已获学位的研究生必须按学校规定提交学位论文,学校可以采用影印、缩印或其他复制手段保存研究生上交的学位论文;(2)为教学和科研目的,学校可以将公开的学位论文作为资料在图书馆、资料室等场所供校内师生阅读,或在校园网上供校内师生浏览部分内容;(3)根据《中华人民共和国学位条例暂行实施办法》,向国家图书馆报送可以公开的学位论文。本人保证遵守上述规定。	
	保密级别	公开	
学位			
	学科专业	工学—信息与通信工程—通信与信息系统	学科/专业目录
	学位授予单位	清华大学	
	学位名称	工学硕士	学位名称代码
	学位级别	硕士	
馆藏信息		清华大学特藏阅览室	
	典藏号	0123789	

第四部分　国家图书馆学位论文资源分析报告

1 国家图书馆学位论文资源概况

1.1 资源总体状况及特点

国家图书馆是国务院学位委员会指定的全国唯一负责全面收藏和整理我国博士学位论文的专门机构,负责收藏全国所有哲学社会科学、自然科学和工程学的博士学位论文,也是人事部专家司确定的唯一负责全面入藏博士后研究报告的专门机构。自 1982 年以法规形式写入《中华人民共和国学位论文条例》以来,国务院学位委员会办公室先后多次发文,要求各学位授予单位严格执行向国家图书馆缴送制度,使博士学位论文的全面收藏得到了可靠保证。经过多年的积累,国家图书馆收藏博士学位论文 20 万多种。此外,还收藏部分大陆院校的硕士学位论文、台湾地区的博士学位论文和部分海外华人华侨学位论文。

国家图书馆专门设立学位论文收藏中心,根据学位论文的特点,制作学位论文书目数据以供读者查询,并建立了学位论文阅览室,为读者提供纸质版学位论文阅览服务。近年来,为了便于学位论文资源的永久保存和学位论文利用率的提高,国家图书馆开始着手学位论文全文影像数据建设,利用现有的数字图书馆技术将学位论文转换为数字资源。博士论文全文影像资源库以书目数据、篇名数据、数字对象为内容,提供简单检索、高级检索、二次检索、关联检索和条件限定检索。国家图书馆博士论文资源库,2009 年更新博士论文 19 186 种,2010 年更新博士论文 35 949 种,现提供 16 万多种博士论文的展示浏览。资源库遵循边建设边服务的原则,后续建设的数字资源将逐步服务于读者。

2000 年以来,随着数字化网络化的发展,国内很多高校或者学位论文产出单位,在要求学生毕业前提交纸质版论文的同时,强制性要求学生同时提交电子版学位论文。收集电子版论文的好处包括:便于论文全文的获取和检索;便于论文本身所包括的多媒体信息的展示(例如彩色图表、动画等);"原生"电子文本的品质明显优于纸本经过数字化处理的图像和文本,大大方便资源的利用和保存;避免日后再对纸本数字化加工的繁重过程,节省人力、物力等。国内高校系统、中科院等科研院所收藏和收集了大量的原生学位论文电子版资源。为迎合学位论文电子化收集的趋势,提高学位论文资源加工和利用效率,国家图书馆正在进行学位论文呈缴系统的开发工作。

近年来,由于中国研究生招生人数、硕士和博士授予点数目迅速增长,学位论文资源数量呈上升态势。加之学位论文的科学和经济价值被不断发现,受重视的程度不断提高,其流通、利用和出版的比重不断增长,学位论文开发利用程度也在不断提升。很多系统和学位授予单位也在建立相应的数据库系统,一些数据库公司也有涉足,开发学位论文数据库。这些不同系统之间存在着数据交换、数据调用等现实的问题,因此依照科学的、规范的元数据规范体系来描述学位论文资源尤为重要。

1.2 数字化概况和流程

学位论文资源数字化是国家图书馆资源建设的重点工作之一。学位论文数字化工作包括元数据著录和全文数字化加工两个部分。国家图书馆首先在 OPAC 系统中完成 MARC 元数据著录,之后将数据从 OPAC 系统中导出,再进入学位论文全文影像数据库,补充完善元数据字段,并完成全文数字化工作。国家图书馆现已建成包含 16 万多种博士论文的学位论文全文影像数据库,后续建设的数字资源将逐步纳入到系统之中。由于学位论文版权限制,该数据库目前仅提供浏览前 24 页,不提供电子版全文的下载和打印服务。为确保博士论文数字化中图像品质、标引数据质量和成品数据的管理,国家图书馆制定了"博士论文数字化加工规范",用来规定博士论文数字化的工作内容、质量要求、技术规格和验收标准。国家图书馆学位论文数字化加工采用外包的形式,加工单位必须完全依据规范所规定内容和要求进行博士论文数字化加工,图书馆在验收数字化成果时,也需依照规范进行检验。

国家图书馆学位论文数字化流程包括论文整理、数据标引、扫描制作、数据检查、编写说明文件、数据验收、数据备份等几个阶段。

(1)论文整理阶段的主要工作包括:签收待扫描博士论文交接清单;核对清单与实体名称和数量;登记加工论文条码,记录分册信息,记录不符合加工要求的论文;通过加工论文条码号获取对应 MARC 数据;分配论文加工编号,生成博士论文数据库之论文基本信息表。

(2)数据标引阶段的主要工作包括:目录信息标引,生成博士论文数据库之博士论文目录信息表;中英文摘要标引,生成馆方要求的格式文件;记录博士论文不带页号的插图信息,生成博士论文数据库之博士论文插页信息表;记录博士论文缺页信息,生成博士论文数据库之博士论文缺页信息表;记录博士论文封面、前附页、目录、正文等结构信息,生成博士论文数据库之博士论文结构信息表;记录扫描分辨率、压缩因子、文件数量、存储量等信息,生成博士论文数据库之博士论文加工信息表。

(3)扫描制作阶段的主要工作包括:加工方可以自行对博士论文进行裁切,使用快速自动进纸扫描仪;若博士论文中缝夹紧或图片套印,不得拆论文裁切,应使用零边距扫描仪;扫描前根据国际色彩协会 ICC 标准,做基本的色彩校正,并针对各类型博士论文进行色彩校正;博士论文采用全书逐页扫描方式,依照扫描规格进行博士论文数字加工,按照命名规则命名图像文件;对出现偏斜的图像进行纠偏处理,对方向不正确的图像进行旋转还原,以符合阅读习惯;对图像页面中出现的影响图像质量的杂质如黑点、黑线、黑框、黑边等进行去污处理;对大幅面博士论文进行分区扫描形成的多幅图像,发布服务级文件进行拼接处理,合并为一个完整的图像,以保证数字化图像的整体性。

（4）数据检查阶段的主要工作包括：逐页检查扫描文件是否有太淡、太浓、黑边、污点、歪斜或图像内容不完整等现象，不符合图像质量要求时，应进行图像校正或重新扫描；发现文件漏扫时，应及时补扫并正确插入图像；检查是否符合扫描规格要求；所有文件保存位置正确，可以正常打开和显示；检查图像页码是否连续，不得跳页；检查标引数据是否完整、准确；按照命名规则检查目录、文件、数据库、摘要、文档、介质等名称是否正确；检查各类说明、统计、验收等文档是否齐全。

（5）编写说明文件阶段的主要工作包括：制作每册博士论文的说明文件；制作保存数据介质的说明文件；填写博士论文验收数据提交单；填写博士论文成品数据移交单。

（6）数据验收阶段的主要工作包括：验收博士论文数据库、博士论文摘要、扫描图像文件、说明文件等成品数据的质量和数量；保存介质的品质、数据结构合理以及内容的完整。

（7）数据备份阶段的主要工作包括：将加工完成的全文图像、标引数据库和中英文摘要等文件拷贝至硬盘交图书馆抽验，抽验无误后刻录 DVD 光盘。

国家图书馆非常重视数字化学位论文的加工质量建设，对加工质量提出了严格的要求：博士论文数据库和中英文摘要均采用 ASCII 码进行标引，无法录入的生僻字或公式等特殊字符用"＝"表示。标引信息应严格按照原论文实际内容进行描述，真实反映博士论文原貌。各类链接准确无误。博士论文封面和各种内页的扫描方式正确，不得随意改变。每本博士论文相同扫描方式生成的图像保持相同的清晰度，不得有失真现象。图像歪斜度不可以超过 1 度；去除与文字、图片、版式无关的杂点、黑边、污迹等信息。拼接图像接缝处无错位、无缝吻合，不应出现白边和内容缺失，没有明显的歪斜。档案典藏级图像，无须进行转换，数字文件保持原采集信息，以无损压缩和不压缩标准格式存档。发布服务级的图像，为有损压缩图像格式，在转换工作中应在图像轮廓清晰可读的前提下（可放大到实际尺寸检查判定），尽量减小数据量。图像名称必须正确，同一数据流水号不得有跳号情况，按顺序排列命名；图像文件的排列顺序应与原论文一致。数据库字段、说明文件、各类表格等内容严格按照附件规定和样例版式，加工方不得擅自更改。介质中不得存放与备份内容无关的文件，严禁携带病毒，严禁浪费介质空间。光盘刻录符合 ISO/IEC 16449 标准，建议使用 SONY RW 刻录设备，必须在 8 × 以下速度一次性写入，封口刻制；光盘存放环境在温度 21 ± 1℃，湿度 40％。使用光盘为带有国家图书馆标识的盘片，严格按照盘面书写、光盘标签等要求操作。在加工过程中如遇特殊情况，加工方不得擅自更改，应及时与图书馆沟通解决并做备忘记录。

1.3 元数据应用现状

国家图书馆将《中国文献编目规则》作为学位论文元数据编目标准。目前，DC（都柏林核心数据集）在学位论文著录中还没有展开应用。《中国文献编目规则》规定学位论文的著录项目分为八项,每一项目包含一个或者若干个著录单元。结合《新版中国机读目录格式使用手册》,表4-1给出了学位论文著录项目与CNMARC字段以及子字段的对照关系。

表4-1 国家图书馆学位论文著录项目一览表

著录项目	著录单元	CNMARC 字段及子字段	备注
题名与责任说明项(200)	正题名	200 $a	
	一般文献类型标识	200 $b	
	并列题名	200 $d	
	其他题名信息	200 $e	
	责任说明	200 $f, $g	
	无总题名文献	200 $a	
版本项(205)	版本说明	205 $a, $b	
	与本版有关的责任说明	205 $f, $g	
文献特殊细节项(230)	电子资源的特殊细节	230 $a	学位论文的电子版著录本项
出版发行项(210)	出版地或发行地	210 $a	正式出版的学位论文著录出版发行信息,未正式出版的学位论文只著录论文完成日期,缩微型、电子版学位论文著录制作信息
	出版者或发行者	210 $c	
	出版年或发行年/撰写日期	210 $d	
	制作地	210 $e	
	制作者	210 $g	
	制作时间	210 $h	
载体形态项(215)	数量及特定文献类型标识	215 $a	
	其他形态细节	215 $c	
	尺寸	215 $d	
	附件	215 $e	
丛编项(225)	丛编正题名	225 $a	正式出版的学位论文著录本项。非正式出版的学位论文不使用此项
	丛编并列题名	225 $d	
	丛编其他题名信息	225 $e	
	丛编责任说明	225 $f	
	丛编编号	225 $v	
	分丛编	225 $h, $i	

著录项目	著录单元	CNMARC 字段及子字段	备注
附注项(3--)	题名与责任说明项附注	304 $a	
	语种附注	302 $a	
	密级与保密期限附注	333 $a	
	载体形态项附注	307 $a	
	学位论文特殊细节附注	328 $b, $c, $d, $e 等	
	内容附注	300 $a,327($a, $p, $z 等), 330 $a	
标准编号与获得方式项(010)	标准编号	010 $a	正式出版的纸本和电子型学位论文著录标准编号
	获得方式和(或)定价	010 $d	
	限定说明	010 $b	

1.4 呈缴系统的设计与规划

学位论文呈缴系统是国家数字图书馆建设项目中的重要组成部分,在数字图书馆项目的大框架下,实行全面规划、统一标准、规模建库,是一个在线的、快速宣传报道、面向教育科研且界面友好、功能强大的服务平台。用户能通过最便捷的途径,迅速上传学位论文,全面获得所需要的信息,为未来的数字化资源共享奠定基础。

2 国家图书馆学位论文资源分析

2.1 学位论文资源分析的意义与范畴

资源分析渗透在元数据设计的各个环节中,在设计之前分析有助于元数据元素集的形成,在试用和修改时会根据资源的特点修正和细化元素集,在撰写著录规则时更是时时要考虑资源的特点,如根据资源的特性引入合适的规范档、著录时的内容和细节要求等。因此,对学位论文资源进行详细的分析是非常必要的,这对于学位论文元数据规范和著录规则的设计具有重要的意义。

学位论文资源分析的范畴包括:学位论文资源的定义、特点、学位论文著录对象之间的关系、著录单位、著录内容等,以及学位论文资源的使用与服务需求等,以便为学位论文元数据规范及著录规则的设计与应用,与其他元数据之间互操作性等奠定基础。学位论文资源分析的内容包括:分析学位论文资源的著录对象、著录对象间及其与其他相关对象的关系、著录范围、著录单位、著录内容、使用者资源检索和资源使用的需求分析等。

2.2 学位论文的定义和分类

根据美国标准学会解释,学位论文是为了获取不同级别学位的候选资格、专业资格或其他授奖而提出的研究成果或研究结论的书面报告。简而言之,学位论文就是学生为了获取学位向学校或其他学术单位提交的学术研究论文。学位论文是高校、科研院所图书馆文献资源建设中非常宝贵的信息资源,其中蕴涵着大量的富有创造性的思维和成果,它不仅反映学校、科研机构的教学、科研水平,同时也直接反映各学科领域的前沿动态和最新发展,对后继的教学和科研活动有较高的参考价值。

学位论文分为学士、硕士和博士学位论文三类。其中,学士学位论文在全国各高等教育机构中尚未形成统一的规范和制度,其所包含的知识深度有限。硕士和博士研究生的学位论文则不同,它们一般都能就某一反映当前科学和技术新貌的课题进行比较详细和系统的阐述,因而具有较高的学术研究价值和使用价值,日益受到学术界和科技界的重视。这两类论文统称为研究生学位论文。

2.3 学位论文资源的特点

2.3.1 学位论文内容上具有一定的独创性

学位论文是通过大量的思维劳动而提出的学术性见解和结论。在收集材料和研究的过程中,都是在具有该领域专长的老师指导下进行的。这些导师都是本单位或者本学科的学术带头人,都在从事或指导较高水平的科研工作,所获得的科研成果在国内本学科中多处于领先地位。学位论文的专业性很强,阐述问题较为系统和详细,是有一定独创性的参考资料,尤其是一些博士或者硕士学位论文的选题直接来自国家各部委的科学基金或者国家及省市的科技攻关项目,研究内容新颖、内容专深、涉及的学科广泛,具有比较高的学术价值。

2.3.2 学位论文一般不公开出版

学位论文除一部分在答辩通过后发表或者出版外,多数不能出版发行。作为内部资料,只在授予学位的院校或者研究机构的图书馆和按国家规定接受呈缴本的图书馆保存有副本,因此不像其他公开出版物那样广泛流传,直接影响论文的传播和利用。

2.3.3 学位论文质量参差不齐

由于每个人水平不一样,因此学位论文的水平高低也有差异。有的论文具有一定的独创见解,有的论文在其学科或者专业领域里起着重要的作用,但也有个别的论文在某些方面有一定的不足。

2.3.4 学位论文的载体形式

学位论文从其载体形式上来分,有印刷版、电子版、缩微版等多种版本,电子版的学位论文从其产生方式上有两种:由印刷版论文扫描而形成的数字化论文和由学生通过远程提交系统提交的论文,学生通过远程提交方式提交论文的同时,可能会将与论文相关的实验数据、实验报告、多媒体资源、软件系统、彩色图像、化学结构式的虚拟现实描述、声音文件等学位论文的附加资源提交,这些附加资源是论文创作过程中很重要的资源。

2.3.5　学位论文的责任者

学位论文的选题一般都是本学科需要解决的比较重要的具有前沿性的理论或应用方面的课题,代表了专业的发展方向,本身也可能是导师研究内容的一个子课题或子项目。学位论文一般是在导师的指导下,以学生为主,由学生创作、编写而成。

学位论文的著者除了学位申请者之外,没有其他任何的合作者,这一点与其他类型的文献,特别是期刊论文有所不同。因此,学位申请者应是论文的第一责任者。

学生的导师作为论文著者的指导者,在论文的创作和形成过程中起到了重要的作用,所以,导师应视为仅次于论文著者的其他责任者。

学位申请者要申请学位,需要通过论文答辩。论文答辩委员会成员采取不记名投票方式,就是否通过论文答辩和建议授予学位进行表决。论文答辩通过,由学位授予机构授予学位证书。论文答辩未通过,但经论文答辩委员会全体成员半数以上同意,并做出决议,可在两年内修改论文,重新申请答辩一次。如果论文答辩委员会未做出同意修改论文的决议,任何个人无权同意修改论文并重新组织答辩。为了提高论文质量,使得正式答辩时更有把握,有些单位在安排正式答辩之前,还为申请者安排了一次论文的预答辩,以期收到更多更好的关于论文的修改意见。因此,答辩委员会成员也可视为该论文的其他责任者。但其作用远次于导师,故列为可选项,是否予以著录,由资源创建者自定。

2.3.6　学位论文的版权

学位论文不在正式出版物上发表,属于非正式出版物。印刷本学位论文设有公开、内部、秘密和保密四个级别。各个图书馆采用的服务办法基本相同:公开的论文不提供外借但提供室内阅览服务,内部、秘密和保密的论文在解密后,提供室内阅览服务。读者阅览任何一篇学位论文前,必须登记所查阅的论文篇目,若读者提出部分复印要求,应登记所复印的页码,图书馆负责保存登记档案。

因网络和计算机传递资源的便捷性,电子版论文的版权控制和服务问题远比印刷本论文复杂。与印刷本论文对应的电子版论文同样设有公开、内部、秘密和保密四个级别,但其还涉及网络信息传播权、电子论文复制权等复杂问题。学位论文是研究生利用本校的各种教学、科研资源,在导师的指导下,通过作者的创造性劳动取得的研究成果,它是学校、导师和学生共同努力的成果,其版权控制又与电子期刊、电子图书等有所不同。

《高等院校知识产权保护管理规定》中第十三条规定:"在高等学校学习、进修或者开展合作项目研究的学生、研究人员,在校期间参与导师承担的本校研究课题或者承担学校安排的任务所完成的发明创造及其他技术成果,除另有协议外,应当归高等学校享有或持有。进入博士后流动站的人员,在进站前应就知识产权问题与流动站签订专门协议。"第九条规定:"为完成高等学校的工作任务所创作的作品是职务作品,除第十条规定情况外,著作权由完成者享有。高等学校在其业务范围内对职务作品享有优先使用权。作品完成二年内,未经高等学校同意,作者不得许可第三人以与高等学校相同的方式使用该作品。"这应是高校使用学位论文的基本依据和原则。

通过以上分析,学位论文的使用授权应该由学生授予学校,其授权模式可由学校拟定规范文本,由学生签字。学位授予机构(高等学校、科研院所)在尊重作者知识产权的前提下,有权按规定保存论文的印刷版和电子版,并提供目录检索与阅览服务。

2.4　学位论文著录对象分析

2.4.1　学位论文著录对象范围的界定

学位论文是高等学校或研究机构的学生为取得学位,在导师指导下完成的科学研究、科学试验成果的学术论文。只有学生为了获取不同级别学位、通过学位论文答辩并取得学位而提交的学术论文才界定为本项目研究的著录对象。学位论文属于灰色文献,依据学位论文的内容编辑并正式出版的期刊论文或者书籍不属于本项目的研究对象,学生在获取学位过程中所创作的学术论文,但未作为论文答辩目的而提交的学术论文也不属于本项目的研究对象。

2.4.2　学位论文著录对象层次分析

对学位论文著录对象进行层次分析,是为了明确著录单元。根据 FRBR 模型,把作为著录对象的学位论文资源可分成四个层次:作品(work)、表现方式(expression)、表达形式(manife-station)、文献单元(item):

- 作品:知识或艺术创作的内容,是一个抽象的实体,它通过一定的表现方式被人感知。
- 表现方式:知识或艺术创作的内容得以实现的方式,如文字、图像、乐曲、舞蹈动作等。
- 表达形式:体现知识或艺术创作的内容的物质形态。同一种表现方式的作品可采用不同的表达形式体现,如某一版本的文字作品可以是印刷型的图书,也可以是缩微品或电子图书。
- 文献单元:是表达形式的某一物理实体,如图书馆收藏的某一本书或某一套多卷书。

一件抽象的作品可以用一种或者多种表现方式来实现,一种表现方式只可对应一件抽象的作品,每一种表现方式都呈现了一个或者多个具体的表达形式,同样每一个具体表达形式反映一种或者多种表现方式,每一个具体表达形式可以有一个或者多个文献单元。作品、表现方式、表达形式、文献单元这四个层次都可以成为编目对象,确定哪一层次为编目对象与不同类型文献的目录学特征有密切的关系。从图4-1可看出四个层次的关系。

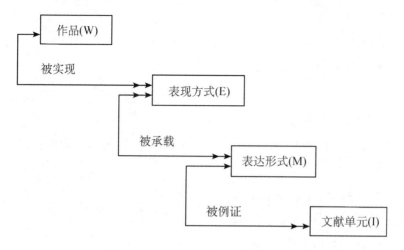

图4-1 学位论文著录对象四个层次之间的关系

(注:单箭头表示一,双箭头表示多的含义)

就国家图书馆的学位论文资源而言,实体关系模型可用图4-2分析。

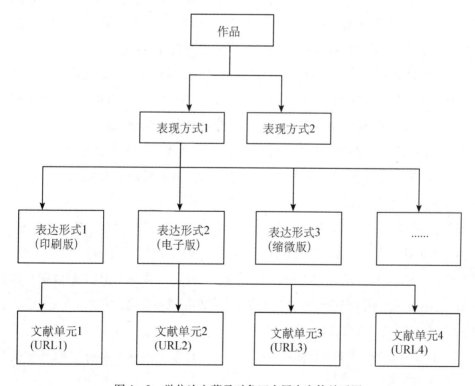

图4-2 学位论文著录对象四个层次实体关系图

例:

清华大学研究生王明方的硕士学位论文作品《集成制造系统项目投资评价研究》

◆ 作品(W)

◆ 表现方式(E)

   ➢ 该论文可能存在多种语言文字版

◆ 表达形式

   ➢ 该论文的印刷版、电子版、缩微版等不同载体形式同时并存

   ➢ 该论文可能由不同的提供商制作,具有不同的格式,例如有 PDF 格式或者 CEB 格式

◆ 文献单元

   ➢ 该论文印刷版具有多个复本

   ➢ 该论文电子版具有多个 URL 地址

   ➢ 该论文缩微版具有多个复本

从理论上分析,这四种学位论文对象都可以作为著录单位。当对某一学位论文对象(文献单元、表达形式、表现方式、作品)进行著录时,其著录主体包容了其前更具体的著录对象的所有关系所涉及的对象,并揭示了这些关系所涉及对象的所有特征,而对其后更抽象的著录对象,则给予了简单的关系描述。例如,以学位论文(表现方式)作为著录主体,那么该学位论文的各种版本(包括电子版、缩微版、印刷版)的特征信息都应得到著录。

通过对学位论文实体关系的分析可以看出,确定著录单位也就是确定哪一个实体作为基准著录资源对象,需要考虑可行性、是否易于著录、是否易于检索、是否借阅编目人力等方面问题。下面分别从四个实体的角度来探讨学位论文著录单位确定的问题:

• 作品:学位论文可能存在多种表现方式,通常在著录时只能认知其中一种或者两种表现方式,而其余的表现方式则以一种隐性的方式存在,并不能很快建立关联。因此,在作品层面著录学位论文不具备可行性。

• 表现方式:学位论文的表现方式与学位论文的表达形式也存在一对多的情况,通常不同的表达形式在对一些基本信息的表达方面具有同一特征,例如无论载体如何发生变化,学位论文的题名是完全一致的,作者信息也是完全一致的,借助这些基本信息,可以很容易将各种载体类型的学位论文(不同表达形式的学位论文)放置在同一表现方式之下。因此,将著录单位确认为学位论文的表现方式层面是可行的。

• 表达形式:由于不同载体形态的学位论文之间在著录内容上差别不大,该方式会使著录过程出现一定的冗余。

• 文献单元:由于学位论文复本和复本之间没有本质的差异(但可能存在细微的差别,如馆藏号不同或者 URL 不同),如果在复本层面对学位论文著录,将造成大量的冗余,耗费人力,

是完全没有必要的。

综上所述,学位论文的著录单位可以确定在表现方式层面。

2.5　学位论文著录单位和著录内容

2.5.1　学位论文著录单位的确定

学位论文的著录单位以单篇学位论文实体为主,在电子版、印刷版或者缩微版同时存在的情况下,以电子版的特征为主著录,涉及印刷本或缩微版的特性,可从印刷本或缩微版中提取著录项。在只有电子版学位论文的情况下,从电子版论文提取著录项。在只有印刷版或缩微版的情况下,从印刷版或缩微版论文中提取著录项。

2.5.2　著录内容

学位论文元数据元素集共 16 个元素,其中 14 个核心元素全部复用自 DC,如有特别需要,可进行本地扩展。

表 4－2　学位论文元数据规范元素列表

元素	元素修饰词	编码体系修饰词	复用标准
题名			dc：title
	其他题名		dcterms：alternative
作者			dc：creator
	培养机构		
主题			dc：subject
		汉语主题词表	
		中国图书馆分类法	
		中国分类主题词表	
		美国国会图书馆主题词表	
		美国国会图书馆图书分类法	
描述			dc：description
	目次		dcterms：tableOfContents
	文摘		dcterms：abstract
	成果目录		
	相关文献附注		
	资助		
	研究方向		
导师			dc：contributor
	导师机构		

元素	元素修饰词	编码体系修饰词	复用标准
日期			dc：date
	答辩日期		
	学位授予日期		
	提交日期		dcterms：dateSubmitted
	全文可获得日期		dcterms：available
		W3C–DTF	
类型			dc：type
		DCMIType	
格式			dc：format
	文件大小		dcterms：extent
	页码		
		IMT	
标识符			dc：identifier
		URI	
		DOI	
来源			dc：source
		URI	
		DOI	
语种			dc：language
		ISO 639—2	
		RFC 4646	
关联			dc：relation
	包含		dcterms：hasPart
	包含于		dcterms：isPartOf
	其他版本		dcterms：hasVersion
	原版本		dcterms：isVersionOf
	参照		dcterms：references
	被参照		dcterms：isReferencedBy
	附加资源关联		
		URI	
		DOI	
		ISBN	
		ISSN	

元素	元素修饰词	编码体系修饰词	复用标准
权限			dc：rights
	权限声明		
	保密级别		
时空范围			dc：coverage
	空间范围		dcterms：spatial
		Point	
		ISO 3166	
		TGN	
	时间范围		dcterms：temporal
		Period	
		W3C－DTF	
学位	学科专业		
	学位授予单位		
	学位名称		
	学位级别		
		学科/专业目录	
		学位名称代码	
馆藏信息			mods：location
	典藏号		

2.6 学位论文的使用和检索需求

创建学位论文数据库的最终目的是为了使用。用户希望能够很容易、很方便地查找所需要的论文,这就要求学位论文元数据标准应具有广泛的通用性和兼容性;用户希望能够从不同角度快速、准确地发现所需要的资源,这就需要为其提供题名、著者、主题等不同的检索途径;对于所查到的论文,用户又希望能够对其实用性与权威性进行比较并迅速做出判断与选择。因此,论文的相关资料以及导师与学位授予机构的信息很重要,还有,关于如何正确利用与获取论文的信息也不可或缺。同时还应提供按学科、分类浏览的功能,最大限度满足用户需求。

3 学位论文元数据规范应用现状

3.1 国外学位论文元数据规范应用现状

目前,国外应用较为广泛的电子版博、硕士学位论文元数据标准 ETD-MS(An Interoperability Metadata Standard for Electronic Theses and Dissertations),ETD-MS 基于 DC 建立,并根据学位论文本身的特点做了适度的扩展,应用于 NDLTD(Networked Digital Library of Theses and Dissertations)项目,该项目由 Virginia Polytechnic Institute and State University 图书馆和计算机系联合发起的世界范围内的学位论文共享项目,该项目得到了美国教育部资助。到目前为止,全世界有 90 所大学和研究机构加入到了 NDLTD 项目,NDLTD 要求其成员单位必须遵照 ETD-MS 元数据标准。

表 4 – 3 ETDMS 元素的定义和分析

元素	描述	注释
dc. title	论文题名	必选/可重复
dc. title. alternative	选择题名	任选/可重复
dc. creator	论文著者	必选/可重复
dc. subject	主题词或关键词,应使用 scheme qualifier	必选/可重复
dc. description	文摘,可与 dc. description. abstract 交互	任选/可重复
dc. description. abstract	文摘	任选/可重复
dc. description. note	论文的附加信息,例如:院系的评注	任选/可重复
dc. description. release	著作的版本的描述,例如:勘误表描述	任选/可重复
dc. pulisher	对资源数字化或存档负责的团体	任选/可重复
dc. contributor	其他责任者,论文指导教师或答辩委员会成员	任选/可重复
dc. contributor. role	责任方式,例如:导师、委员会成员、主席	任选
dc. date	出现在论文题名页的日期,以 ISO 8601 标准定义	必选
dc. type	资源类型和资源内容类型,资源类型推荐著录成 electronic thesis or dissertation,资源内容类型可参照标准词表http://dublincore. org/documents/dcmi-type-vocabulary/	任选/可重复
dc. format	论文存储或传递中使用的格式,使用标准的 MIME 类型,ftp://ftp. isi. edu/in-notes/iana/assignments/media-types/media-types MIME 中不包括的,著录为 unknown,如果电子形式的论文不能用,则可省略	任选/可重复

元素	描述	注释
dc. indentifier	论文唯一标识,推荐使用 URI,URN,purl,handles 等	必选/可重复
dc. language	文献语种,使用 ISO 639—2 或 RFC 标准,默认的语种是 en	任选/可重复
dc. coverage	论文内容的时空范围	任选/可重复
dc. right	权限声明的信息	任选/可重复
thesis. degree. name	学位名称,例如 Masters in Operations Research	任选/可重复
thesis. degree. level	学位级别,例如 bachelor's,master's 等	任选/可重复
thesis. degree. discipline:	学科名称	任选/可重复
thesis. degree. grantor	授予学位的机构名称	任选/可重复

注:以上列出的所有元素都是可检索字段。

3.2 国内学位论文元数据规范应用现状

3.2.1 CALIS 高校学位论文数据库数据规范

"CALIS 高校学位论文数据库"数据规范,由 CALIS 全国工程文献中心项目管理组依照国家标准 GB/T 2901—92《书目信息交换用磁带格式》,及该标准推荐执行的"中国公共交换格式(CCFC)"制定。根据学位论文本身的特点,该数据规范灵活地对 CCFC 中某些字段做了一些简单的调整。根据学位论文文献的特点,采用 CCFC 分析级工作单(1A)对目标文献(学位论文)进行著录。依据该标准建立的"CALIS 高校学位论文数据库"已有数据约 10 万余条,参建单位有百余所。

表 4 – 4　"CALIS 高校学位论文数据库"数据规范元素和子元素定义和说明

记录来源	020	00	@ A		@ B				
记录完整程度	021	00	@ A		记录生成日期	022	00	@ A	
记录字符集	030	00	@ B	@ C	记录语种	031	00	@ A	
文献语种	040	00	@ A		摘要语种	041	00	@ A	
文献载体	050	00	@ A		文献类型	060	00	@ A	
国际标准书号（ISBN）	100	00	@ A						
馆藏索取号	111	00	@ A		文献号（论文编号）	120	00	@ A	
保密级别	190	00	@ A		学位级别	191	00	@ A	

论文注解日期	192	00	@ A	@ B	@ C	@ D	
论文题名	200	01	@ A	@ a	@ x	@ L	
并列题名	210	01	@ A	@ L			
个人责任者	300	10 20	@ A	@ a	@ E		
个人责任者单位	330	00	@ A	@ B	@ D	@ E	
字段连接关系	086	00	@ A	@ B	@ C		
团体责任者	310	10 20	@ A	@ a	@ B	@ D	@ E
出版单位	400	00	@ A	@ B	@ C	@ D	
出版日期	440	10	@ A				
载体外形描述	460	00	@ A	@ B	@ C	@ D	
注释项	500	00	@ A				
分类标识	610	00	@ A	@ B			
主题标识	620	00 10	@ A	@ B			
文摘	600	00	@ A				
相关全文指针	089	00	@ A	@ B			

"CALIS 高校学位论文数据库"提供的检索点有:题名、论文作者、导师、作者专业、作者单位、摘要、分类号、主题。

3.2.2 国家图书馆学位论文机读目录格式

国家图书馆采用 CNMARC 作为学位论文编目标准格式,具体著录项目如表 4-5 所示。

表 4-5 学位论文机读目录格式字段

字段	字段名称	指示符	子字段	检索点	备注
001	记录标识号	无	无	Y	定长(12 位)
010	国际标准书号	##	$b 装订	N	不可重复
			$d 获得方式或定价		不可重复
100	通用处理数据	##	$a 通用处理数据	N	定长(36 位)

字段	字段名称	指示符	子字段	检索点	备注
101	著作语种	0#或1#	$a 正文语种	N	可重复
			$d 提要语种		
105	编码数据字段:专著	##	$a 专著编码数据	N	定长(13 位)
119	学位论文编码数据	##	$a 学位论文编码数据	N	定长(15 位)
200	题名与责任说明	1#	$a 正题名	Y	必备,可重复
			$f 第一责任说明	N	可重复
			$g 其他责任说明		可重复
			$e 其他题名信息		可重复
			$h 分卷册次		可重复
			$i 分卷册题名		可重复
			$9 题名汉语拼音	Y	可重复
209	论文特殊细节项	##	$a $9 学科专业	Y	可重复
			$b $9 研究方向(领域)		可重复
			$c $9 学位授予单位		不可重复
			$d 学位授予日期		不可重复
215	载体形态项	##	$a 页数或卷册数	N	可重复
			$c 图表		不重复
			$d 尺寸		可重复
			$e 附件		可重复
300	一般性附注	##	$a 附注内容	N	不可重复
327	章节题名	1#或0#	$a 章节名	Y	可重复
			$p 本章节起止页码	N	
330	提要或文摘	##	$a 附注内容	N	不可重复
393	系统外字附注	##	$a 附注内容	N	不可重复
510	并列正题名	1#	$a $9 并列题名	Y	不可重复
517	其他题名	1#	$a $9 其他题名	Y	不可重复
610	非控主题词	0#	$a 关键词或自由词	Y	可重复
690	中图分类法分类号（CLC）	##	$a 分类号	Y	两个子字段不可重复,但整个字段可重复
			$v 版次	N	
701	主要责任者	#0 或#1	$a $9 标目基本元素	Y	不可重复
			$b 名称的其他部分(暂未用)	N	不可重复
			$4 责任方式		不可重复

字段	字段名称	指示符	子字段	检索点	备注
702	次要责任者	#0 或#1	$a $9 标目基本元素	Y	不可重复
			$b 名称的其他部分(暂未用)	N	不可重复
			$4 责任方式		不可重复
801	记录来源	#0	$a 国家	N	不可重复
			$b 机构(NLC)		
856	全文信息	1#	$d 文件路径(目录)		可重复
			$f 文件名		
			$w 记录控制号		
905	索取号	##	$a 藏书单位代码	Y	不可重复
			$c 排架区分号		
			$d 分类号		
			$e 书次号/种次号		
			$v 卷册号		
			$y 年代范围		

3.2.3 我国数字图书馆标准规范建设之学位论文元数据规范

该学位论文元数据规范以 DC 为基础并对 DC 做了扩展,同时参考了 ETD-MS 元数据规范,其元素的可读性、扩展能力和互操作能力都比较强,句法也比较独立,能很容易地嵌入到各种描述体系中。该数据规范具有很好的扩展机制,在其定义的元素和修饰词不足以全面描述学位论文信息时,可对其进行横向扩展和纵向扩展。横向扩展规则,又可称为增加元素,如果其定义的元素不能描述学位论文的特性时可增加元素,但新增加的元素不能与已有元素有任何语义上的重复。纵向扩展规则,又可称为增加修饰词,修饰词只是对元素的含义范围做进一步的限定,新增修饰词的语义不能超出元素的语义,如确实有必要对元素的语义进行更进一步的限定时,建议尽可能使用 DCMI 制定的修饰词以及各个应用方案中的限定词,也可选择来自其他元数据规范中的元素和修饰词进行复用,如果在现有的元素修饰词中没有适宜的修饰词可用,可自行定义修饰词。该元数据规范现用于 CALIS 高校学位论文全文数据库项目,目前该项目的百所参建单位均遵循该标准建立数据库并进行元数据交换。

表4-6 学位论文元数据规范元素集

元素类型	元素名称	复用	元素修饰词	编码体系修饰词
核心元素 (12)个	题名	dc. title	交替题名	
	作者	dc. creator	培养单位	
	主题	dc. subject		汉表
				国会主题表
				医学主题表
				中图法
				科图法
				国际十进分类法
				杜威分类法
				国会分类法
	描述	dc. description	目次	
			文摘	
			成果目录	
			相关文献附注	
			资助	
	导师	dc. contributor	机构	
	日期	dc. date	答辩日期	W3C – DTF
			提交日期	
			全文可获得日期	
	资源类型	dc. type		
	资源格式	dc. format		IMT
	资源标识	dc. identifier		URI
	语种	dc. language		ISO 639—2
	相关文献	dc. relation	部分为	
			版本关联	
			参照	
			被参照	
			需求	
			附加资源关联	
	权限管理	dc. rights	权限声明	
			保密级别	

续表

元素类型	元素名称	复用	元素修饰词	编码体系修饰词
学位论文 个别元素 （2个）	学位			学位名称
			学科专业	学科/专业目录
			学位授予单位	
	馆藏信息		典藏号	

4 国家图书馆学位论文资源元数据规范的需求分析

经过以上调研，对国家图书馆学位论文资源元数据规范的需求从以下五方面进行分析：

（1）制定的学位论文元数据规范应考虑到各类用户的需求。制定学位论文元数据规范的目的是向用户更好和更充分地揭示论文资源，因此用户需求应作为最终的权衡标准，特别是在结构与格式的设计、元素的增加与取舍方面，要尽可能地从用户的角度出发，增加系统与用户之间的交互渠道，为用户提供多层次的检索体系。

（2）制定元数据规范时需要考虑与其他各类资源以及与其他学位论文元数据规范的互操作性。

（3）制定的学位论文元数据标准应该顺应国际最新发展趋势并符合中国国情，建议采用或者参照已经比较成熟并得到广泛使用的成果。

（4）对于已经采用 MARC 规范描述的学位论文资源，需要在原有基础上侧重于元数据的对照转换、管理和保存。

（5）在元数据规范制定过程中，要充分考虑到著录者、使用者的需求和著录对象的特性，并在其间做到最佳的平衡和组配。

5 结论

通过对国家图书馆学位论文资源的调研和分析，得出如下结论：

（1）对资源对象进行用户需求调研、资源调研、国内外相关元数据标准调研等前期准备是制定元数据规范的前提条件，学位论文资源分析是建立学位论文元数据规范首先需要考虑的问题，不进行资源分析就不能提供符合用户需求的元数据标准和著录规则。通过分析，我们可以把握住资源的含义、著录范围、著录单位、著录对象之间的关系等重要信息，以便在元数据中准确地揭示资源对象以及对象之间的关系，同时也为不同对象间的数据映射和重用奠定基础。

（2）学位论文资源分析也是学位论文数字对象的描述、管理、保存以及服务的基础，为检索、导航、索引甚至知识组织等功能的实现提供了条件。

（3）学位论文元数据规范的制定应建立在对国内外学位论文元数据标准和元数据应用项目进行详细调研和分析的基础上，应在国际通用的元数据标准的基础上建立，需建立相应的著录规则和应用规范，以指导学位论文规范的实践，保证元数据的互操作性。

（4）对学位论文著录对象、著录对象之间的关系、著录单位的分析和规定是制定元数据规范的基础；元素和修饰词设置的合理性、元素和修饰词的扩展是制定元数据规范的最重要的问题。

（5）考虑到资源本身将来的应用和发展，元数据定义的元素和修饰词应尽量全面，暂时用不到的元素可设成可选，但最好不要出现用户需要著录某项信息时，找不到其所属的元素和修饰词的情况。

参考文献

[1] IFLA Study Group on the Functional Requirements for Bibliographic Records. Functional requirements for bibliographic records: final report. Munchen: Sauer, 1998

[2] ETD-MS: an Interoperability Metadata Standard for Electronic Theses and Dissertations—version 1. 00, June 2001. http://www. ndltd. org/standards/metadata/current. html

[3] CALIS 工程文献中心. CALIS 全国工程中心建设"高校学位论文"、"高校会议论文"数据库子项目实施方案(讨论稿),1998

[4] 蒋宇弘. 国家图书馆如何加强博士学位论文的开发与利用. 大学图书馆学报,2009(5):72 – 76

[5] 郭金丽. 学位论文的特点及管理. 农业图书情报学刊,2005(4):40 – 42

[6] 姚蓉. 中国博士学位论文数据库建设的思考. 国家图书馆学刊,2002(3):26 – 31

[7] 邹志仁. 情报学基础. 南京:南京大学出版社,1987

[8] 肖珑. 国家图书馆元数据应用总则规范汇编. 北京:国家图书馆出版社,2011

[9] 姚蓉,方怡. 学位论文编目实用指南. 北京:北京图书馆出版社(今国家图书馆出版社), 2007

[10] 肖珑,赵亮. 中文元数据概论与实例. 北京:北京图书馆出版社(今国家图书馆出版社),2007

[11] 肖珑,申晓娟. 国家图书馆元数据应用总则规范汇编. 北京:国家图书馆出版社,2011

后　记

　　学位论文元数据标准规范的研究与开发,长期以来一直是图书情报机构开展学术信息资源建设与服务的重要领域。国内外图书馆或信息服务机构在进行学位论文数字信息资源建设时,相当一部分采用了通行的(MARC、DC 等)或经过本地化再设计的元数据方案,如:ETD-MS、XMetaDiss、UKETD-DC 等。一个合理、完备的学位论文元数据标准规范的制定应对于学位论文资源的整个生命周期给予关注,从而满足学位论文资源长久保存、管理与利用的需要。这也是"国家图书馆专门元数据标准与著录规范——学位论文"项目的立项背景。

　　"国家图书馆专门元数据标准与著录规范——学位论文"的研制是国家图书馆元数据标准体系建设的重要内容之一。国家图书馆成立了学位论文元数据项目组并编制了技术需求书,清华大学图书馆承担了该项目的研制工作。清华大学图书馆依据多年组织建设我国"高校学位论文数据库及服务体系"的基础和经验,对国内外学位论文元数据研究与开发利用的历史与现状进行了广泛深入的调查,分析、梳理了国内外学位论文元数据标准的理论研究与应用实践,归纳了学位论文元数据的发展特点与趋势,提出了学位论文元数据标准规范的研发思路;在国家图书馆项目组的协助下,清华大学图书馆对国家图书馆的学位论文资源的管理流程和应用现状进行了现场调研,分析了国家数字图书馆学位论文资源建设、服务与管理的特点,研制起草了"国家图书馆学位论文元数据标准规范";经过与国家图书馆子项目组的多次沟通和反复修改,最终形成了"国家图书馆学位论文元数据标准规范"及其相关文件。先后通过子项目组验收、国家图书馆馆内专家验收、国内业界专家验收。

　　在本书的研制过程中,得到了国家图书馆王洋、曹宁、姚蓉、刘小玲、梁蕙玮、吴洋、槐燕、萨蕾、孟丽娟、李成文等专家、同仁的大力支持,也得到了清华大学图书馆系统部和数字化部多位同仁的帮助,在此致以诚挚的谢意!

编者

2014 年 9 月